運とお金を引き寄せる片づけ

広沢かつみ

はじめに

何だか物事がうまくいかない。
人生を好転させたい。
ちゃんとした暮らしをしたい。

そんな思いを抱えていませんか？
そう思うのであれば、この本をぜひ読んでほしいのです。

「運がよくなるには」とか「成功するには」、「お金持ちになるには」といった情報が世の中にあふれています。

あなたは、人生で何を望んでいますか？

どんなことが幸運なのか。
どんな風になれば成功なのか。
どれくらいお金があれば、「お金持ち」と思うのか。

具体的な願いが思いつかないとしても、このように願うのは、現状がそうではないと感じているからですよね。

多くの人は「運」がよくなることを願っています。それも「棚ボタ」のように降ってくる運を待っています。
まず、知っていただきたいのは
「ラッキー（運）」と「ハッピー（幸せ）」は違うということ。

幸せは、自分の心の状態で、自分が幸せだと思えばいつでも幸せです。
幸せな人は、あるモノに目を向け、あるモノを大切にします。

不幸せな人は、ないモノばかりに目を向け、ないモノを欲しがります。

だから、自分は不幸せだと思っている人は、ないモノを求め続け、満足することがありません。

また、運というのは、よいことやチャンスが訪れること。

そして、「幸せ」と「運」の共通点があるとすれば、どちらも「お金」で買うことはできないということです。

幸せは、捉え方、考え方次第。

運は、考え方と行動によってつかめるものだと思っています。

私は住宅誌の編集長を10年以上経験し、数百件の住まいを取材してきました。

そこで、必ず悩みにあがる「収納」の問題。それを皆さんが解消できるようにしたいと独立。その後、書籍を出版し、メディアにも出始めた頃に多くの人から相談を受けました。

「独立をしたい」とか「転職をしたい」「離婚をしたい」といった、人生を変えたいという相談が主です。当時は時間を作って、無償で一生懸命に話を聞き、アドバイスをしていました。

しかし、アドバイスをすると、9割以上の人が「でも」「それは」といった否定から入り、持論を述べ始めます。結局は行動に移すことはしません。

また、「○○がしたいのなら○○さんを紹介するよ」と言っても、結局、会いに行きません。

どのアドバイスもお金がかかることではないし、危険なことでもないのに。

そういった人たちは、ただ、ちょっと名の知れた人に相談したら何かいいことがあるかなと期待して聞いてみただけで、アドバイスをもらっても結局は現状維持なのです。

職場やパートナーへの不平不満を多々つらねるのですが、それでも会社を辞める、パートナーと別れるといった行動に移す人はほぼいませんでした。

なぜなら、動くにはそれ相応のエネルギーがいるからです。

実は、愚痴や文句を言っている現状が、自分にとって居心地がいいのです。行動を変えられない言い訳を探して、誰かを、または何かを悪く言うことで、自分が被害者でいられます。


かつては私も職場の同僚と「会社が悪い」「社長が悪い」というようなことを言っていました。

そうやって愚痴や不満を言い合うのはラクなのです。

しかし、思いもよらない流れで独立することになり、だまっていては収入が入ってこない状態になりました。そこで、経営者の勉強会で学び始めたことにより、全ては自己責任という考え方に変わったのです。

併せて、独立してからの流れの中で、多くのモノやコトを手放しました。

その中で手放した一番大きなモノ、それは結婚生活でした。結婚生活の中の小さな心の奥の棘が大きくなり、決断したのです。

すると、手放した後に、書籍を出版することになり、その書籍がベストセラー入り、さらにＮＨＫ「あさイチ」出演と立て続けに新しいことが引き寄せられました。

私に相談してきた人の中で、強い意思を持って行動に移し、運やお金を引き寄せた人がいます。

結果、その人達の人生は１８０度変わっています。

まさに本人も思い描かなかった人生を歩いているのです。

私は、必ずモノやコトの「整理」を初めにアドバイスし、その後その人が「なぜできないと思うのか」という心の整理をコーチングしています。

整理してみて、片づけてみてという第１段階をクリアした人が、引き続き行動し、人生を変えたのです。

私自身の経験上からの言葉を素直に受け取り、やってみたら「運」が次々とやってきて、そのうちのひとつを引き寄せたというわけです。

そして、「運」は目にみえないモノです。目にみえないモノを欲し、大事にしたいなら、目にみえない「気」をよくすることが大切。

気をよくするには、部屋の片づけ、心の片づけが大切です。

「心の片づけ」とは、自分の中にある固執した考えやこうあるべきという強い想いを手放すこと。そうすることで、心は柔らかくなります。

心の片づけは、物欲をなくしますから物が増えないようになり、何といっても決断力がつきます。

この2つの片づけは、最強の「運」をもたらすのです。

片づけは、お金がかかりませんし（細かいことを言えばゴミ袋代などはかかります）、**部屋と気持ちがスッキリします。**

そして、お金が貯まっていきます。

また、あなたがこうなりたい、こうありたいという具体的な夢や目標があるのなら、住まいや自分を整えることによって、その後押しをする「運」を得ることは大いに可能です。

あるいは、「変わりたい」「人生を変えたい」、そう思うのならば、やはり暮らしを整えることから始めると人生は変わっていきます。

物をどんどん片づけると不思議なことに頭の中、心の中も片づいていきます。

そして、ある時自分の中の「当たり前」（固執していたこと）を手放せる時がやってきます。

「なんで今まで取っておいたのだろう」
「なぜこれを失うことに不安を感じていたのだろう」
と、気持ちが変化します。

手放せると、自分の中にあった「価値観」が同じように変化するのです。

価値観は自分をずっと縛りつけていたモノ。これが変わることによって、みえる世界が大きく変わってきます。

その新しい価値観が今まで気づかなかった「運」に気づき、引き寄せることができるのです。


たかが片づけ。

されど片づけ。

しかし、片づけとは選ぶことであり、選ぶということは何かを捨てる、手放すこと。

その手放した空いたところに運やお金がぽっかりと収まるのです。

私は何度も思い切って手放し、それ以上のものを引き寄せてきました。


ここまでの話を素直に読めましたか？

この段階で、人生の岐路はすでに始まっているのです。

今まで、自分の考え方、やり方で上手くいかなかったのなら、それらを手放し、他人の意見に耳を傾けてみる。

物の整理から始めて、生き方までスッキリさせてみる。
本当にやってみてほしいです。
あなたに
素晴らしい運がつかめるよう
そう願って書きました。

まずは、何度も読んで落とし込み、実践を継続してください。
気がついたら、思いもよらない人生を歩きだしているはずです。

contents

第1章 片づけると運がよくなる理由

第2章

運がやってくる家、逃げる家

第3章

まずはここから！　運を呼ぶ片づけ

第4章

片づけで、心も整理する

第5章

運はお金で買えない

第 1 章

片づけると運がよくなる理由

運やお金が集まる人には、ルーティンがある

成功の要素は「運」

ノーベル経済学賞を受賞したダニエル・カーネマン教授は、成功と運について

「成功＝才能＋幸運」

「大成功＝少しだけ多くの才能＋たくさんの幸運」

さらに

「成功には多くの場合運が味方しているというのはとくに驚くべき見方ではないが……（略）」

と言っています。（著書『ファスト&スロー』上巻、早川書房より）

成功の定義というのは人それぞれだと思いますが、「成功には運が関わって

いる」ということを論理的に学者までもが述べているということは、成功における「運」の要素は大事なことなのだとわかります。
そして、成功した多くの人たちが必ずといっていいほど
「自分は運がよかった」
と口にしているのです。

「運も実力のうち」と言いますが、運は前触れなしにいきなりやってきます。

そして、いきなりやってきた運をつかむには、受け入れる準備が必要。

その準備というのが、その人の実力です。実力は、ふだんどのように行動しているかというルーティンの結果なのです。

ルーティンに取り入れる

毎日のルーティンってどんなこと?と思いますよね。

それは、

「部屋を片づける」
「掃除をする」
「挨拶をする」

といった日常のよくある行動のこと。

そんなことで運がつかめるの？と思うかもしれません。

しかし、この効果は、メジャーリーグで大活躍中の大谷翔平選手が、学生時代から実践していた目標達成シートに書いていたことで有名ではないでしょうか。

大谷選手は、シートの目標達成のための8つの要素の中に「運」という項目を挙げていました。

8つのうち6つは、野球や身体に関することでしたが、残り2つのうち1つは「人間性」と記入し、もう1つは、非科学的である「運」と書き入れています。

さらに
「ゴミ拾い」
「部屋そうじ」
「道具を大切に使う」
といった具体的な行動目標が記入されていました。

大企業の経営者やメジャーリーグの選手ではなくても、会社員であれば靴やシャツなど身だしなみが汚い人とキレイな人、机の上や鞄の中、資料などが整えられている人とぐちゃぐちゃな人では、上司や取引先はどちらに仕事を依頼したいと思うでしょうか。

日々きちんとしている積み重ねが、昇進や成果に響いてきます。

また、さまざまな大企業の経営者が、創業当時からトイレ掃除を一生懸命していたという話も有名ですよね。

最近では、日本のみならず韓国で成功した若き実業家のチェ・ヘソンも自社のチェーン店を回っては、率先してトイレ掃除を行なっています。

小さいことを積み重ねていく

家の中をキレイに片づけている人は、仕事でも整理整頓ができています。

家の中が散らかっている人は、書類が出てこない、パソコンのデスクトップがぐちゃぐちゃですぐに必要なファイルを開けない、など効率が悪いです。

片づけとか掃除とか、そんな小さなことと思うかもしれません。

しかし、その小さな習慣が全てに通じるのです。

小さなことができない人は、大きなことなど成し遂げられません。

大きなことというのは、小さなことの積み重ねだからです。

ピラミッドもお城の石垣もコツコツと積み重ねて出来上がったもの。

いきなり、城やピラミッドを短期間で作れば、何かの拍子で崩れるようなもろいものができてしまいます。

自然の摂理とはそういうもので、人が成し遂げることも全く同様なのです。

元メジャーリーガーのイチロー氏も現役時代に「小さなことを積み重ねることがとんでもないところへ行く、ただ一つの道」と言っていました。

小さなことを継続してできている人を他人は信用します。その信用から「運」がやってきて、「成功」や「お金」にも結びつきます。

誰にもみえていないはずの住まいの状況が、あなたの全てを映し出すのです。

だから、家をキレイにし、片づけて選び抜いた物だけを持っている人は、「運」に恵まれるのです。

なぜ運がいい人、お金持ちの家は片づいているのか

お金持ちの家は物が少ない

私がみてきた豊かな人たちの住まいは、一般家庭と比べて物が少なく、片づいたキレイな状態でした。

お金持ちの家には物が少ないというのは、富裕層の自宅へ伺うさまざまな職業の方と共通の認識です。

(年収が億単位の豊かな暮らしをしている人の住まいをみてみたいという場合は、お金持ちのお住まい拝見的な動画番組も多々あり、誰でも豪邸を垣間見られるので、片づけイメージの参考になると思います)

住まいは何のためにあるのか

動物や虫は、自分達の巣穴をキレイにしています。

巣穴は、危険な外から戻って唯一体を休められる場所だからです。

これは人間も同じで、住まいは
「安心して眠れる」「心身がリラックスできる」

場所であるということが大切です。

生命維持を司る自律神経のバランスが悪いと血流にも影響し、赤血球が酸素や栄養をうまく運べずパフォーマンスが悪くなります。

自律神経の一種である副交感神経の働きを高めるためにリラックスが必要であると、医学的にもその重要性が言われています。

自宅をリラックスできる環境にするというのは、成功要素のひとつなのです。

住まいが倉庫のようになってはいないか

あなたは家で過ごす時間が好きですか？

いつも座る場所から室内を見渡して、その景観にリラックスできますか？

いつも視界に段ボールや紙類の山、雑多なモノがありませんか？

一番長く過ごす自宅はどこよりもパワースポットでなければなりません。

お金持ちや運のよい方はそれをわかっていて、自宅を心地よく過ごせるようにキレイにしているのです。

住まいがキレイだから運気が上がるというよりは、そこに住む人がキレイにしているという行ない、考え方が運を左右しています。


あなたの街でこんな場所はありませんか？

立地は悪くないのに、新しいお店が常に開店しては、すぐに閉店してしまう場所。

あのビルのテナントは店の交代が早いな、と感じる場所。

でも、同じお店がいつの間にかずっと続いていることがあります。

それは、そのお店の店主の力です。

このお店を繁盛させると決めて、実行を続けている力。

その店主がそこを繁盛店にする！と決意したからです。

繁盛しているお店は、必ずといっていいほどキレイです。

古い建物、古い店でも厨房やトイレ、入り口も含めてキレイにしています。

不潔なお店で繁盛が永続しているところはありません（キレイだけど繁盛していないお店は、サービスとか商品に問題があると考えられます）。


また、ちょっとスピリチュアルな話になりますが、例え事故物件であっても「住んでいる人が明るく、エネルギッシュだとそこは浄化される」と僧侶の方から聞いたことがあります。

人の考え方、意識というのは環境や運を変える大きな力があるのです。

商売も同じようなこと

企業や店舗の場合、

「5S（整理・整頓・清掃・清潔・躾）」

といって社内（店舗）をキレイにする仕組みがあります。

私はその5Sの研修を仕事としているのですが、

「赤字が続く」

「社員がすぐに辞めてしまう」

といった問題がある会社は、まず入り口から全て物だらけで散らかっています。

オフィスに入れば、社員それぞれの机の上、机の下、周囲が物だらけ。

壁際には段ボールがあちこちに積んであります。

これは、経営コンサルタントが「倒産しがちな会社の特徴」として必ずあげ

ています。物であふれた雑多な環境というのは、

「やる気をなくす」

「不正をしてしまう」

「怠ける」

といった心理に直結しているのです。

赤字企業の事業承継をした経営者が当初みる光景が、

「散らかった、汚れた社内や店舗」

そして、

「だらけたやる気のない社員たち」

です。

そこを改善することで黒字化または、大きな企業に生まれ変わったところが多数あります。

片づけること、キレイにすることで商売繁盛＝運を引き寄せた会社は幾千もあるのです。

どうして片づけると運がよくなるのか。3つのポイント

なぜ、片づけと運は関係があるのか

作家や画家などといったクリエイティブな人の仕事場などを除いて、世間でいうところの成功者と言われる人たちは、片づいたキレイな住まいで暮らしているということが一番の説得材料ではないでしょうか。

街や都市なども同じく、美しい都市はやはり富裕層が多く、雑多な街では貧困の度合いが高い。

都市の犯罪を減らすために街並みを美しくする、花を植えるといったことが実際に行なわれ、成果を上げていることも実証済みです。

また、人気のパワースポットや吉方位参りなどに訪問する神社、寺院、教会

といった場所は、シンプルかつ美しいほどのキレイさがありませんか？

汚い場所のパワースポットって聞いたことがないですよね？

なぜ片づいたキレイな環境が「運」を呼ぶのか

パワースポットである神社や寺院、教会をイメージしてもらうとわかると思うのですが、キレイな環境に身を置くと心がスッキリします。

ただし、観光客の多い人混みのパワースポットでは感じにくいですね。

「人混み」というくらいですから、気が「雑多」になっています。

コロナ禍中に出張で関西に行った際、伊勢神宮へ寄りました。

ほぼ貸切というくらい人がいなくて、かつ雨上がりだったので、空気が洗い流され、新鮮なベールのように感じたことを忘れられません。

この、心がスッキリするという点が重要なのです。

物が多い家に住む人は、どうも優柔不断な人が多いような気がします。

要る物、要らない物、自分にとって何が大事なのか、自分はどうしたいのかなどの判断がなかなかできません。

なぜなら物がたくさんあると常に頭の中がごちゃごちゃして考えや感情が複雑になるからです。

幸運の神様は、前髪しかないと言われています。

それも全速力で走り「気づかないとサッサと行っちゃうよ〜」と、ちょっとクールな感じ。

その神様の前髪をつかむには、あれこれ悩む暇はありません。

常に、走っている幸運の神様をみつけられるよう、神様の前髪をつかめるよう、自分にとってベストな選択というものをわかっておくことです。

流れ星に願いを言うという行為も同じこと。

「あ！　流れ星！　願い事は、え〜と……」

と考えている間に流れていっちゃいますよね。

そんな時、素早く願い事が言えるよう、「自分が欲しいもの」、「叶えたいこと」を決めておきます。

自分にとって必要な決断を知るためには、まず物の整理から。物で自分の選択肢がみえるからです。

思考や心をスッキリさせるためには、先に環境をスッキリさせること。

運は、目にみえないけれど、「運」が来るとしたら確実にキレイな場所です。

キレイに整えることが何よりも「運」を呼ぶ行為なのです。


では、どのような点が運に結びつくのでしょうか。

大まかな3つのポイントを説明します。

●その1　自分にとって本当に必要なものがわかる

片づいた住まいというのは、家の大きさに対して物の量が少ない状態です。

そんなことを言われても、住宅が狭いから仕方がないと言う人もいるでしょう。しかし、同じ間取り、同じ床面積の団地や集合住宅などで、子どもが多くてもスッキリ暮らしている家庭もあれば、夫婦2人でも物があふれている家庭もあります。

片づいた住まいにしたければ、自分が現在住んでいる住宅のサイズに合わせて物の量を調整するしかないのです。

お弁当箱のサイズが決まっているのに、おかずを何でも詰め込めば、はみ出すし、蓋もできないのと同じことですね。

物の量が少なくても暮らしていけるのは、自分にとって必要かそうではないかの選択ができているから。

自分にとって何が必要で、何が好きなのか、そういったことがわかるということは、自分の今の立ち位置であったり、自分の将来のありたい姿であったりが明確になっているということです。

現在は情報がありすぎています。他人の生き方に振り回されすぎています。他人に憧れてばかりで、その生き方が正しいと思うことで方向性が定まりません。

例えば、私の持っている整理収納の資格。全国で10万人以上が取得していま す。

しかし、本気で仕事にすると決めて実行するのか、流行しているから取得するのか。考え方1つで資格をいかせるか、もちぐされになるのか変わります。

つまり、資格や考え方、想いも物と同じで「いかして使う（実行する）」のか「放置するのか」で、未来は大きく分かれてくるのです。

このように自分が必要としている物、目指すべき場所がわかっていれば情報が散漫にならず、選択も簡単です。

「運」は、情報収集にも通じます。今自分がなすべきことがわからないと情報を大量に取得するだけで、必要なことを埋もれさせてしまうだけ。

情報があふれる人は、物もあふれさせています。

だからこそ取捨選択をして、物の整理をし、片づけてほしいのです。

片づけを続けることで、本当に必要なことが徐々にみえてきます。

●その2　先送りしない習慣が身につく

必要な物がわかると迷いがなくなるため、判断の先送りがなくなります。

物を捨てられない人の多くが、「とりあえず」で取っておいて判断を延ばす。

これが習慣になって、何か決めなくてはならない時も
「じゃあ、次回までに」

「少し考えよう」

と返答を先送りします。

その後遅れて返答すると
「もう決まってしまった」

「その件は終わった」

と言われるのです。

また、返事自体を忘れている、なんてこともあります。これでは、せっかくのチャンスを逃すだけです。

自分で先送りをしておいて「やっぱり運がない」というのは、大きな間違い。「運を逃した」という言葉が正しいのです。

以前、婚活で迷っている女性がいました。

先方からお見合いをしたいと言われ、条件はよいものの写真がタイプではなかったためどうしようか迷っていたのです。

周囲からは「会うだけ会ってみればいい」と言われましたが

「少し考えたい」

と悩みました。

しばらくして「やっぱり会ってみます」と言った時には、すでにお相手はほかの方とお見合いをして早々にまとまっていたそうです。

その後、よい条件の人が現れず
「あの時やっぱり会うだけ会ってみればよかった」

とその女性はずっと後悔しています。

後悔しないためにも、例えば婚活であれば、条件を選定しておくのです。

これだけは「譲れない」という自分の中の条件です。

私が婚活者向けに行なった講座で、条件を絞るワークがあります。直感で進めていくのですが、結果は意外な条件が一番譲れないことになる場合が多々あります。

その条件が軸となり、お相手がみつかった女性もいました。

決断や行動が遅い、ましてや行動しないというのは致命傷です。

常に身軽でフットワークを軽くしておかないと、幸運の神様はあっという間に去ってしまいます。

その3　いつもキレイな環境で過ごす

3つ目は、潜在意識的に重要なこと。

心理的に、散らかった環境、劣悪な環境で過ごすと
「自分はこのような環境に合う人間なのだ」

と無意識に思い込みます。

その何がいけないのかというと、その環境に馴染み、気力が上がらずそれ以上を求めなくなるのです。

何か失敗をしたり、うまくいかないことがあったりすると
「やっぱりな」

と自分の人生をあきらめるという状態になります。

スラム街で育った子供の多くが、犯罪に関わり、大人になってもずっとその街に住んでいることが典型的な事例です。

自分が育った家庭環境というのは、人生の中で最初の「当たり前」です。

その「当たり前」から離れ、変えようと行動することはとてつもないエネル

ギーを必要とします。

禁煙やダイエット、片づけだけでもなかなかできないのに、人生を大きく変えようというのは、難易度がかなり高いもの。

逆によい環境にいたならば、やはりそれは当たり前となり、その環境に居続けたいと思うものです。


自分自身を変えることより、身の回りの環境を変える方がたやすいこと。

キレイな環境から自分の内面が変わります。結果に結びつくにはダイエットや英会話と同じように時間がかかりますが、住まいをキレイにすることでのデメリットは一切ないのですから、片づけ続ける価値は十分にあります。

朝起きて住まいがキレイ、帰宅しても住まいがキレイ。それがずっと続いているだけで、人生の虹色の1色を手に入れたようなものです。

キレイな部屋に
運がやってくる3つの理由

その1 自分にとって本当に必要なものがわかる

→ **自分の将来像が明確になり、そのために行動できる**

その2 先送りしない習慣が身につく

→ **行動が速くなり、やってきたチャンスを逃さなくなる**

その3 いつもキレイな環境で過ごすと内面や潜在意識が変わる

→ **よい環境にいるのが当たり前になる**

片づけて運が舞い込んだ人

結婚、商売繁盛、就職が叶った人たち

私がこの仕事を始める前に整理収納の勉強会で一緒になった女性が数名いました。

皆さん片づけが苦手だったり、物だらけの部屋に住んでいたりといろんな状況から片づけ上手になったわけです。

そのうちの１人から

「実は部屋を片づけてから、出会いがあり結婚をした」

という話を教えていただきました。

また、中国・台湾・香港にも私の片づけメソッドを受講した生徒さんが3千名以上いるのですが、私が上海に通って直接教えていた初期の生徒さんでは、

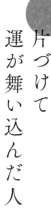

結婚をあきらめていたのに、素敵な出会いがあり結婚した方が何名もいます。中国の都会も独身率が高く、おひとりさまも多くなっているのです。

その中で、私が直接教えた数少ない生徒さんが幸せをつかんだことは、本当に嬉しい次第です。

このほかに、私のお客様では、商売繁盛に結びついた方もいます。

物だらけの事務所を何とかしたいと片づけ（5S）の依頼を受け、事務所の不要な物を処分し、特に煩雑だった書類などを整理しました。

観葉植物などを補充してキレイにしたところ、探していた事務員さんが決まり、さらに幸運なことにキレイ好きな事務員さんだったため、現在も整理整頓が持続しています。

環境が整備されたせいかお客様に向き合う時間が増え、スタッフと事務所をさらに拡大という商売運を引き寄せました。

また、親の介護をしていて、なかなか正社員の仕事が決まらなかった女性は、大切な貯金を使って片づけとインテリアコーディネートを依頼しました。

女性の個室とリビングダイニング、キッチンを徹底的に片づけ、家具やファブリックを入れ替えました。

その後、フォローに伺おうと連絡したところ、「就職先と親のデイサービスが決まったので、バタバタしています！」と嬉しい報告がありました。

キレイにしたことに加え、虎の子の貯金を使い、後には引けないという「本気」になったことで運がやってきたのだと思います。

「このままじゃ何も変わらない」と決意したのでしょう。

部屋を改善してからの行動は本当に迅速で、最初にお会いした時より、ハキハキと明るく話す印象がありました。

チャンスは平等に訪れる

これらの事例はほんの一例ですが、片づけができない人というのは何度か挑戦しているけれど、途中でリタイヤしている自分に嫌気がさしているのです。

「どうせ片づけなんてできない」

「自分にはムリだ」

という思いの積み重ねが自分に自信を失っていく要因。

しかし、片づけがきちんとできたお客様の全員が、初めて会った頃と終わり頃では全く表情も声のトーンも違って自信にあふれ、輝いているのです。

私にもできたという自信がついたからです。

その自信が新たな行動や挑戦につながり、「運」を引き寄せるのです。

チャンスはどんな人にも平等に訪れます。

ただ、そのチャンスに気づくのか、気づかないのか。

チャンスに気づいてもおじけづいて逃してしまうか、どうなるかわからないけれど飛びつくのか、その差なのです。

自信があれば、チャンスに気づく、チャンスをつかんでみようという気持ちになるのです。

アメリカの成功哲学の提唱者、ナポレオン・ヒルが男女3万人に「何回チャレンジしたらあきらめますか」という調査を行なったところ、結果「1回未満」という平均値がでたそうです。

つまり、人は

「1度も挑戦しない」

「1度だけ挑戦してみた」

このどちらかがほとんどだということ。

2回以上挑戦した人が成功する確率は高いとも言えます。

片づけの素晴らしさ

私が仕事を始めた当初は、「片づけ＝部屋がキレイになる」という単純なイメージでした。しかし、実際に片づけの依頼先へ伺うとそれぞれの人生を深く聞くことになり、その人生を表したもっともみえる形のものが住まいだと、ある時からわかり始めました。

そして、前項にも書いたように「運」を引き寄せたり、表情が明るくなった人を多々みてきたのです。

そんな中、2014年に初出版をした当時、私は読者の方の書かれた感想を読んでいました。

その時にみつけたある感想。男性の方だったのですが、想像では汚部屋に近い状態だったのでしょう。

こんな風に書かれていました。

「本を読み、1日中夢中で片づけて、ゴミ出しをして眠った。朝、目が覚めたら朝日が床に差し込んでいた。物がない床に朝日が差し込み、キレイになった部屋をみて涙が出た。やり直せると思った」（記憶なので言い回しなどが違うと思います）

それを読んだ時に私も涙が出ました。

その感想は今でも私の宝物です。

それだけ片づけというのは、人を変えることができるのです。

私は、あらためて片づけの素晴らしさを知ったのです。


そして、私も片づけで人生が大きく変わった1人です。

片づけの勉強をする前までは、「自宅はそんなに散らかっていない、物が少し多いだけ」と思っていました（散らかった家の人はほとんどそう思っています）。

しかし、昔の室内写真をみたら驚愕です。

汚部屋と言っていいくらい物だらけ。あんなところで暮らしていたのだ！と。

当時は物が多いため、収納の雑誌や本を読んではカゴやケース、棚を常に買って、床面積をどんどん狭めていました。

また、物だらけだったその頃、マネー雑誌の取材を受け「お宅の家計簿拝見」といった内容の特集に掲載されました。完成した雑誌を読むと、収入はほかの家庭の方より少し多かったのですが支出も多い。

そして、ほかの家庭と比べて何より貯金額がかなり少ない。

恥ずかしながら、まさにこの本に書いてある、物を買っては部屋を散らかして、お金を減らしているという悪い見本の模範生を実践していたのです。

しかし、ある時自分が編集をしていた雑誌で「整理収納」をテーマにすることになり、記事を書くために片づけを学びました。

それからすぐに今のような片づいた状態になったわけではなく、少しずつ変化していきました。

数年はかかったと思います。

片づけて、その時は物の量が「ベスト」だと思っても、しばらくしたら「多いな」と気づく。

その繰り返しでした。

家中がキレイになった頃、新聞の連載や初めての書籍出版が決まり、NHKの「あさイチ」に出演、ということが立て続けにありました。

その後もテレビなどで活躍する多くの著名人の方と仕事をご一緒させていただいたり、地元キー局のテレビ、ラジオ共に全て出演させていただきました。

また、２０１６年からは縁があって、中国で片づけを教えることになり、コロナ禍になるまでは、ほぼ毎月上海や北京に行っていました。

さらに、中国の出版社から依頼があり、中国語圏で書籍を出版し、重々版に。その書籍は、学校の授業や模試の問題などに使われています。

現在では、中国・台湾・香港で数千人が私の作った講座を受講。今でもアジア圏で拡大し続けています。

片づけと本気で向き合わなければ、海を越えて仕事をする、他国の方々と知り合いになることもなかったと思うのです。

海外で友人ができ、仕事をするなんて自分の人生には思い描いたこともなかったし、書籍自体もこうして何冊も出させていただくなんて、想像もしなかった未来が今ここにあるのです。

運のよい人の真似をしたら、片づけや掃除が基本だった

自己肯定感を上げる

活躍している有名人の方々の不遇時代の話を聞いていると、

「自分が成功するためには、何をしたらいいのか」

「売れるためにはどうしたらいいだろうか」

と考えた中で、

「成功している人」

「運がいいと思う人」

「売れている人」

がしていることの話を見聞きし、真似できるところは真似しようと行動した
と話しています。

お笑い芸人のかまいたちさんが、自分達の動画で
「運気が上昇するために普段から心がけていること」

を語っていました。

映画監督であり、芸人のビートたけしさんがトイレ掃除を必ずしている。外のトイレさえも自分が使ったら掃除をしているということを聞いてから、自分たちもするようになった。

このほか靴を揃えるとか、食事のマナーを守るといったことをしていると、

「自分はきちんとしている」

という気持ちになって、

「自分は成功する人間だと思えるようになった」

と言っています。

まさに、潜在意識に訴えかけ自己肯定感を上げる行動です。

このほかにも

「水回りをキレイにする」

「生花や観葉植物を飾る」

など、住まいに関する行動も続けたら、漫才の大会で賞などをとることができたといいます。

周りの先輩方をみて
「成功している人は、ちゃんとするべきことはしている」

と、お二人は話していました。

継続は力なり

私が不思議に思うのは、本当に運のよい人の真似をすることにはお金がほとんどかからないのに、多くの人が真似をしません。

しかし、自称運のよい人、自称成功者の高額セミナーや開運グッズなどには気前よく払う人がほとんどです。

つまり、行動は起こさずに成功したい。「はじめに」で書いたように棚ボタ式の運が欲しい人が大多数なのです。

ホリエモンこと堀江貴文氏が、動画やインタビューで「成功法とか公に教えてもほとんどの人がやらないよ。だから、成功している人は少ないんだ」というようなことを言っていました。

掃除や片づけをすることはお金がかからないし、気持ちがいいもの。最初は1カ所でもいいので、朝とか夜とか自分の都合のよいタイミングで行なってください。

「継続は力なり」、です。今日から始めることで、運をつかむ日が1日早くやってきます。

第2章

運がやってくる家、
逃げる家

あなたの家はどんな状態？

散らかりレベルを知る

自分の家が
「散らかっているか、
散らかっていないか、
散らかっていたとしたら平均より散らかっているのか、
キレイなのか」
など、自分ではわからないものですよね。
私も過去に自宅がそんなに散らかっているとは思っておらず、
「物が多いかな？」
というレベルだと思っていました。

でも、今の住まいと当時を比較したら、当時は恐ろしいほどの物の量だったのです。

毎日暮らしていると、家の中は常に目にする光景のため、見慣れてしまい物が増えていっても気になりません。

例えば少しずつ体重が増えても、本人は「少し太ってきたかな？」と思う程度。しかし、久しぶりに会った友人、知人には別人のように太っているのが明らかなのと同じです。

多くの家をみてきて、「散らかりレベル」というのが私の中にあります。

皆さんは、散らかった住まいを多数みていないため

「うちってどうなの？　片づいているの？　散らかっているの？」

と思いますよね。

私がみてきた住まいを、散らかり症状5段階に分けてみたいと思います。

自宅はどの段階になるのか目安にしてみてください。

● 健康な家

床はもちろん、テーブルや出窓、カウンターなどの上に物がのっていない。散らかっているという印象は受けない住まい。

キレイな状態を維持していきましょうというレベルです。

● 軽症段階の家

テーブルや棚、出窓、カウンターの上などに常に物がのっている。少し物を寄せれば、急な来客でもごまかせるレベル。

このレベルなら

「常にのっている物の置き場所を決める」

「出した物を元に戻す」

という習慣ができれば健康なレベルになり、キレイが持続できる段階です。

●中等症段階の家

全体的に物は多いものの、みえている床面積はそこそこある状態。

しかし、キッチン天板やテーブル、テレビ台など面が広い箇所に物が積み重なっている状態です。

また、日頃使っていない部屋（例えば客間の和室など）が物置になっています。

さまざまな場所にのっている物、物置代わりにしている部屋にある物の整理をして減らすことから始めるとよいでしょう。

●重症段階の家

物があふれて床がほとんど隠れています。

物をよけながら、またぎながらなんとか移動ができるレベル。

物がありすぎて掃除がしづらいため、ホコリや汚れがひどくなっています。

ここまで来たら

「もったいない」

「大事」

「高かった」

と理由付けをして物を取っておくレベルではありません。

次の段階になると重篤レベルになるため、とにかく最低限のものだけ残し、ほかは手放す覚悟で整理をします。

床が全部みえる状態にまでもっていくことです。

●重篤段階の家

家というより人が暮らせる場所ではありません。

地震や火災など何かあった場合に命の危険がある状態です。物が雪崩のように崩れて自身が埋もれる可能性もあります。

そして、キッチンもお風呂も使えない。寝る場所は、物の中に人1人が横になるほどの隙間があるくらいです。

かろうじてトイレだけはなんとか使えるレベル。

報道などでみるゴミ屋敷は、トイレも使えないからペットボトルに……という家もありました。

9割以上は、使えない物やゴミである場合がほとんどです。

行政や業者に依頼して、物やゴミを運んでもらい、清掃してもらわないと自力ではどうすることもできないレベルです。

「そのうち」
「いつかやろう」
と片づけを先のばしにすると、軽症から重篤に進むことは起こり得ます。

重篤になると自分の力では片づけることができないし、脳の仕組み的にも慣れから「この状態を維持したい」という頑なな気持ちになるため、症状を軽くすることが難しいのです。

手遅れにならないよう、早めに物の整理、片づけを実施しましょう。

部屋の状態は心の状態

部屋の変化と心の変化

「頭の中と机の上は同じ」

「心の乱れは部屋の乱れ」

などと、片づけに関するいろいろな例えが言われています。

心の状態の変化が先なのか、部屋の変化が先なのかは微妙なところです。

なぜなら、散らかった家に生まれ、そのままずっとそこで暮らしているという人は別ですが、散らかった家の方は、「新居を購入した」「新しい部屋に引っ越した」当初は、スッキリした状態で、インテリアも頑張っていたというお宅がほとんどだという印象です。

でも、気づいたら物だらけで散らかっていたと言います。

疲れていると片づけができない

つまり、どこかで部屋が散らかる心身状態になってしまったということ。

多忙で部屋のことを考える余裕がないとか、ストレスで買い物を多々したとか、何もやる気が起きないなど、人それぞれ何か要因があったのです。

片づけだけではなく、日常の家事や身支度というものは、体も心も健康な時にはなんなく行なえます。

しかし、不調であれば何事も億劫になります。

うつ状態になると、入浴やシャワーを浴びるなど自分をキレイにすることもしたくなくなるものです。

また、そこまでメンタルは弱っていなくても、疲れて何もしたくないというのは、明らかに体か心が疲弊している証拠。

残業続きで帰って寝るだけがやっとという人は、片づけるより眠りたいと思うのは当たり前のことです。

忙しい人、心が弱ってきていると感じる人は、休みの日は外出するよりもたっぷり寝て、起きたら片づけ、掃除をできる範囲でやってみましょう。物が片づいて汚れたところがキレイになっていくと思考がスッキリします。

また、スマホやパソコン、テレビといった情報がどんどん入ってくるものを見続けると頭の中が情報で埋もれてしまいます。

情報で頭が疲労してしまうことにより、行動したくなくなるのです。

片づけというのは、短時間で「要」「不要」という判断を連続して行ないます。日頃、片づけをしていない人は、慣れていないこととたくさんの物をみて情報が入るため、整理の判断をすることで疲弊することも多くあります。

片づけの依頼があったお宅に伺い、

「要る」「要らない」

の判断作業をしてもらうと、散らかりレベルが高い家の人ほど10〜15分で

「疲れた」といいます。

片づけがうまくいかない、続かないという人は、日頃し慣れないのに、いきなり押入れとか納戸など大量の物の整理を行なおうとするからです。

そして、途中で疲れてしまい、大量の物が広がり、前より散らかった状態をみて、片づけが嫌になるのです。

少しずつ慣れていく

長年働いていなかった方が急にフルタイム+残業の状況になり、頭と体がついていかない状況と同じようなこと。

あなた自身の能力とか得手不得手という問題ではなく、脳が慣れていないせいなのです。

少しずつ、継続して慣れていくことが片づく近道です。

ふだん走っていない人がマラソンをいきなり走れるわけもなく、少しずつ距離を伸ばしていくように、片づけも小さな箇所から始めるとよいでしょう。

部屋の「気」って何？

散らかった家は「気」が悪い

「気がよい」「気が悪い」と何気なく言いますよね。あと、神社などに行くと「気が変わった」と言う人もいます。

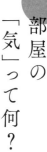

空気は目にみえないので、透明なものだと「水」がわかりやすいでしょう。川がキレイなのは、山頂から下流にかけて水が常に流れているから（途中でゴミが捨ててあったり、汚水が排水されていたりする川は除いて）。

しかし、沼や池など水の流れや入れ替わりがない場所では、水が澱《よど》み、濁《にご》っていきます。藻がはえたり、水が緑色や茶色になったりしていますね。

空気は目にみえないため濁る、澱むというのがわかりにくいですが、人間の感覚で気づくものです。

わかりやすいのはニオイ。

キレイな空気は

「おいしい」

と吸いたくなり、澱んだ空気はニオイがあり、息を止めたくなります。

さらにひどくなると

「この場所なんか嫌だな」

という感覚が働きます。

スピリチュアルなことはわかりませんが、雑踏にはよくない念が多いときききます。人混みなので、いろいろなものが溜まっているということですね。

散らかった家は、空気が溜まり、澱んでいます。

つまり「気が悪い」ということ。

気が悪い3つの理由

気が悪くなる、3つの理由があります。

1つ目は、物であふれていると空気が回らないから。

例えば、冷蔵庫に食料を詰め込むと冷気が回らず、冷えませんし、押入れなども隙間なく詰めると湿気が溜まりやすく、カビの温床になります。

2つ目は、空気の入れ替えを定期的に行なわないから。

物であふれ返った家の特徴に、昼間でもカーテンを閉めていることがあります。カーテンを閉めているのですから、窓を開けることもない。

空気の入れ替えはもちろんしていないので、ニオイや澱んだ空気が循環していることになります。

3つ目は、掃除ができていないから。

ホコリやみえないところに多々発生しているだろうカビや菌などが空中に舞っていて、あきらかに健康に悪い空気です。人間の目にはみえなくとも、機械で計測すると体によくないものが舞っているでしょう。

人間は動物よりも直感が衰えているものの、「気配」だったり、「危険」という感覚を察知する能力は残っています。

気がよくないということは、無気力になったり、何だか疲れるといったことであったりと、心に何らかの影響を与えます。

ちなみに私は、人間の集団（組織）も同じことだと思っています。

長い間ずっと同じメンバーでいると「組織」が澱んでくると思うのです。

だから、学校の新年度にはクラス替えや先生の移動があり、職場では新入社員が入り、退職者がいるという入れ替わりがあって活性化すると思います。

こんな家は運やお金が逃げていく

物が多い家は…

企業で長年売り上げを上げているところは、「社内の清掃、整理整頓ができている」「身の丈にあった資金の使い方をしている」という共通点があります。

経営コンサルタントの多くが、社内の清掃整備の状況で経営を判断できるし、銀行の融資担当なども社内の整備はチェックしているといいます。

同じく家庭でも住宅ローンの融資担当者は、きちんとお金を返せるか、将来ローンが滞るかどうか一目でわかるといいます。

また、訪問販売員にはこの家は契約がとれるというポイントがあるそうで、

- **玄関やベランダなどの外回りが汚い**
- **玄関の三和土に足の踏み場がない**

など、散らかっている、汚れているというのが目安なのだそう。

物が多い、物があふれているということは、

- **お金にルーズ**
- **欲しいと思ったら即買い**
- **勧められたら考えずに買う**

そういったタイプがほとんどです。

物が多いと貧しくなる

映画やドラマ、資料などでしかみたことがありませんが、戦前戦後の庶民の家庭は、物がほとんどなかったように思います。

居間にちゃぶ台があり、タンスと布団とわずかな食器や衣服。

衣服や靴下は、繕って長く着る。お鍋は修繕し、包丁は研いで使うなど、わずかな物を手入れして長く使って暮らしていた。そんなイメージです。

しかし、現在、お金持ちはスッキリ片づいた部屋に住んでいますが、家計状況があまりよろしくない家は、逆に物が多い。以前、お金がないという方のお宅を拝見する番組がありました。

屋根に穴が開いた小さな住宅でしたが、床から天井、玄関前から家の中全てが物だらけ。買った物もあれば、拾ってきた物もあるといいます。

その方の暮らしに全く関係ないような物が多々みられました。

同じように報道番組でたびたび取り上げられるゴミ屋敷。

使わない物、ゴミとなる物を取っておく人は、人間関係に支障が出てきます。近隣ともめたりとか、頑なになり他人とのコミュニケーションを遮断してしまうなど、運以前に生活に問題が出ています。

私がみている範囲では、ゴミ屋敷の主は運がよい、成功しているといったことからほど遠い人ばかりでした。

ただ、ゴミ屋敷状態で暮らしている方は、お話を伺うと、身内がいなくなり、交友関係もほとんどないことから、孤独を埋めるために物を必要以上に抱え込んでいるように見受けられました。

人間の幸福度は「人とのつながり」が最上位です。

他者とのおしゃべりは幸せホルモンがいっぱい出るそう。もしかすると他者とのコミュニケーションが物を捨てられる鍵なのかもしれません。

どんどん物が増え続け気づいたらゴミ屋敷に……ということにならないよう、次のポイントが自宅にあてはまるかどうか気をつけてみましょう。

- 常にネットや通販で買った物が届く
- 買ったままの状態で置いてある物がよくある
- 粗品や無料でもらえる物はとりあえず貰う

・積読の本や雑誌が売るほどある
・使う予定はないけれど流行ものは買ってみる
・SNSで何か自慢したくなる
・クローゼットやタンスに洋服がたくさんあるのに着るものがない
・冷蔵庫や食品庫から賞味期限切れの食材が発掘される
・収集癖があり、集めないと気が済まない
・飽きっぽい
・物を捨てないのは「もったいない」から
・物を床に置いている
・玄関が物置になっている

これらのうちいくつか当てはまりだしたら、改善しましょう。

運やお金を運んでくる家とは？

室内が明るい

豊かな暮らしをしている人の住宅の印象としては、

「住まいがとにかく明るい」

ということ。

物や家具で窓や壁をふさがず、物が少ないから圧迫感がなく明るいのです。

この明るさは、
・壁にいろいろ物を貼っていない
・家具などで壁の多くをふさいでいない
つまり、スッキリしていることで日の光や電気の光が反射して明るくなっているのだと思うのです（たいがい壁が白の住まいが多いですから）。

また、窓をきちんと拭いているということもありますね。

私が取材で、ある集合住宅のお宅へ伺った時に
「同じ間取り、同じ向き、同じ階」
なのに、部屋によって入った瞬間に明るさが違う！と感じたことがありました。

そこから気をつけて観察するようになったのです。
逆に汚部屋になりつつある家は、カーテンを閉めている人が多いので、陽当たりがよい場所なのに日中でも暗いのです。

イキイキとした観葉植物や花が飾ってある

お金持ちの方の多くが
「面倒なので、手入れがラクな植物を選んでいる」

といいますが、部屋の気がいいのか、どの植物もイキイキとしています。
やはり、植物があると
「気がいい」
というのがわかります。気が悪いと植物も枯れてしまいますから。

身の丈暮らしの大切さ

物が出ていないことがお金持ちの一番の共通点です。

よく一流になるには、

「一流のモノに触れなさい」

という話を聞いたことがあると思いますが、成功されている方は美意識が高いです。

常に整えられた美しい環境に身を置くというのも成功哲学の1つのようで、余計なモノが出ていない住まいに暮らしています。

ところどころで書いていますが、収入が多いこととお金があることは違います。年収が３００万円でも資産1千万円超えの若者がいる一方で、世帯年収が2千万円を超えているのに預貯金が50万円ほどという家もあります。

自分の代でお金持ちになった人の多くは、身の丈暮らしができていた人たちでした。

もちろん一気に稼いだり、何かで一発当てたりして一時はお金持ちになった人もいます。

しかし、その後、どん底暮らしになったという話をよく聞きます。そういう人たちは、身の丈暮らしができなかったため収入を超えるくらい使っていたのです。

よく宝くじが当たった人のほとんどが、以前よりも生活が苦しくなったということを聞くのは、そういうことでもあります。

入ってきたお金をそのまま使うということは、ただお金を右から左へ流すというだけ。

お金を流す人というのは、

「暮らす」ための家や物には興味がありません。

他人にみせびらかすため、または自分を誇示するための家や物を持つだけなので、値段やブランドで物を買います。

選ぶ基準は他人からみられることを前提としていること。

そして、家に興味がないので、片づけや掃除といったことにも気が回りません。

成功した人、お金持ちになった人は、それ以前の暮らし方が身の丈にあった暮らしをしていたため、豊かになっても、大きな家に引越しをしてもムダに物を増やすことなく、スッキリとしたキレイな住まいにしているのです。

運を集める家の具体的な共通ポイント

片づけ、掃除以外で運をよくするには？

物を片づける、掃除をするということ以外でよく目にするポイントを4つご紹介します。

それぞれ住まいの状況に違いはあるものの、共通している部分もありますので、真似できることはぜひやってみてください。

●風水を取り入れる

運がいい人、お金持ちの人は、

「風水」

「暦」

「運気」

など、験《げん》を担《かつ》ぐといったことを気にしています。

風水の基本中の基本は、もちろん整理整頓と掃除。

だから、家の中、外がキレイであることは当たり前なのです。

そのうえで、家具の配置や小物の置き方などに気をつけているようです。

例えば、風水というよりは基本ですが、

- **神棚は東向きか南向きに設置する**
- **玄関はキレイにし、玄関扉の正面に鏡は配さない**
- **ドライフラワーを含めた枯れた植物を置かない**

など。

また、気の流れをよくするために風の通り道をふさがない家具の配置を心がける。

例えば、開けた窓から入る風を対流させるために向かい側に窓があれば、開けて空気を流すのですが、その時に大きな家具などで風をふさいでしまわないように配置するのです。

窓を家具などでふさがないようにしましょう。

●アートを取り入れている

お金持ちの住まいに伺うと生活用品はほぼ表に出ていませんが、ミニマリストのように何もないかというとそうではありません。

住まいのあちこちに好きなアーティストの絵画や風水に沿った物。お気に入りの陶磁器・骨董品や天然石、生花などを飾っています。

私は、収納プランのほかに、棚に飾る物なども依頼されることがあります。

通常の家だと棚には物が収まるのですが、お金持ちの方の棚は、**棚自体がインテリア**なので、棚に収める物はインテリアとして素敵な物だけなのです。

それも1段に少しだけ置くというバランスです。

お金持ちの方が逝去された後に数多くの美術品を寄付したり、私設美術館を建てたりしますね。

美しい物や感性を高める物を身近に飾っておきたいというお金持ちが多い証拠でもあります。

●住まいをキレイにすることにお金をかけている

お金持ちは、住まいをキレイにするために、家事代行やインテリアコーディネーターにお金を使っています。

例えば、地域や依頼する人によって単価は違うと思いますが、掃除を家事代行に頼むと2時間で4千〜8千円前後くらい。

バーゲンだから、流行だからと結局タンスの肥やしになる洋服やバッグを買うと4千円くらい簡単に飛んでいってしまいます。

また、賞味期限切れや冷蔵庫の奥で傷んでしまっている食材などが、月換算で数千円分ある家庭もあります。

それならば、ムダな出費にしてしまうより掃除をプロに頼んで、自分はゆっくりするという「ご褒美時間」を買うという感覚に変えてみてはどうでしょう?

それから、インテリアのセンス=出ている物のバランス(量)であったりするので、実は片づけのためにもインテリアセンスというのは大事です。

しかし、自分で勉強すると時間とお金と労力がかかり、さらにイマイチなセンスになってしまう可能性もあります。

そこで、その分のお金を払ってコーディネーターに頼んだ方がラクだし、確実に素敵になるのです。

お金をかけて素敵にしてもらった状態を維持するためには、最初にしてもらった部屋の状態を基本として、スマホなどで撮影しておきます。

時々その写真と見比べて、最初の状態から物が出ていたり、増えていたりしたならば減らし、基本に戻します。

模範解答が一目でわかるから、片づけを維持しやすいのです。

●ゴミ箱が出ていない

多くの家庭で目にするゴミ箱は、お金持ちの家では見当たりません。

もちろんゴミ箱はあるのですが、床にポンと置いていることはなく、死角になる位置に置いてあったり、ゴミ箱を収納スペースに収めていたりとみえないよう工夫しています。

このほか、お金持ちの住まいだから広いということもありますが、きちんとゴミを置いておく場所もあります。

ゴミ袋に入ったゴミをゴミの収集日までにその辺に置いておくということはなく、みえない場所に配しているのです。

「そんなゴミのためのスペースなんてないよ」というのがほとんどの家庭で

しょう。

ならば、カラーボックス1個分ほどの物を減らし、ゴミが入った袋や古紙回収に出す紙の束を置くスペースを確保してみませんか？

百均の突っ張り棒とカフェカーテンで目隠しするだけでもいいです。

ゴミが入ったゴミ袋がいつも目に入る場所にあるというのは、潜在意識的によくありません。ゴミと暮らしている感じになるからです。

前述したように常に美しい物だけに囲まれるよう意識して、ゴミの置き場を設けましょう。

運やお金を運んでくる家とは？

- **室内が明るい**
（壁に色々貼っていない、家具などで壁をふさいでいない。
圧迫感がない）
- **イキイキとした観葉植物や花が飾ってある**
（気がいい部屋は植物がイキイキしている）
- **物が出ていない**（常に整えられた状態）
- **風水を取り入れている**（気の流れがよい）
- **アートを取り入れている**（美しい物で感性が高められる）
- **住まいをキレイにすることにお金をかけている**（確実に素敵になる）
- **ゴミ箱が出ていない**（美しい物だけに囲まれる）

第 3 章

まずはここから！
運を呼ぶ片づけ

どこから片づけたらいい？

どこから片づけたらいいのかわからない、という場合、物から始めるか、場所から始めるか、自分がやりやすい方を選びます。

そして、物の整理、片づけは思ったよりも時間がかかるため、余裕のあるスケジュールを組みましょう。

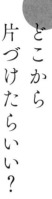

物から始める場合

●ゴミ

まずは、**ゴミ**。

「え？」と思う方がいらっしゃるかもしれませんが、使ったティッシュや買った物の包装、梱包などのゴミさえも床やテーブルの上などに置きっぱなしの家が結構あるのです。

片づけの依頼で伺うと、リビングダイニング以外の場所に飲み終えたペットボトルやお菓子の袋が無数にあったり、買い物をした後の紙袋やパッケージが散らばっていたりする家が多々ありました。

明らかにゴミとなる物を、ゴミ袋に入れてゴミ出しをします。

ペットボトル、空き缶、空き瓶（飲みかけでも1日経過していたら処分）、食べたお菓子の袋、中身のないティッシュの箱、ビニール袋やパッケージなどをゴミ袋へどんどん入れていきましょう。

基本、世間でゴミとされるものは全捨てでお願いします。

ゴミのある場所に「運」は決して訪れませんよ。

●紙類

DMやカタログ、リーフレットなどは全て処分します。

自分が必要で取り寄せたもの以外は、開封してつい買ってしまったり、後で読もうと取っておいたりする恐れがあるため処分を。

郵送物は、住所や名前が書いてあるので
「シュレッダーがないから捨てられない」

「シュレッダーが面倒くさい」

という方がいます。

住所と名前の部分をマジックで塗りつぶす、又はひとまとめに紙袋に入れて、ガムテープでぐるぐる巻きにするとシュレッダーよりもラクです。


新聞紙や雑誌は片手で持てる数を紐でくくり、古紙回収の日に出します。決して、重たくなる分量をまとめないようにしましょう。重いと出すのが大変で後回しになって、置きっぱなしになります。

雑誌の賞味期限は、
・週刊誌なら1週間
・月刊誌なら1カ月

なので、翌週または翌月になったら古紙に出します。

ファッションやメイクなど流行があるものは取っておいても古臭くなるだけ。料理のレシピや書籍の紹介などはページを切って、残りは古紙回収へ。しかし、切り取っておいた物を一度も見返していない場合は、取っておく習慣自体をやめましょう。

町内会やPTA、保険会社、銀行などからのお知らせ書類は、届いたらすぐに目を通す習慣をつけます。

保管しなくてはならない書類、手続きをしなくてはならない書類以外は、早々に仕分けをして、処分しましょう。

保管する必要性のある書類と自分にとってプラスになる情報、読み返したくなる文面があるモノに絞るべきです。


また、本やマンガは棚に入る分だけ。

床や家具の上には置かない。

たくさん取っておきたい場合は、棚を増やしましょう。

本棚以外に置くようになると「なんでもあり」のルールになって、床やほかの隙間に置き始めるからです。


このほか、紙類の仲間として、各家庭にたくさんある紙袋。

よく使うサイズは人それぞれと思いますが、よく使うサイズを10枚前後だけ取っておく。

それ以外のサイズは5枚ほど残して後は処分します。

あと、段ボールや家電の箱は、つぶして廃品回収に出しましょう。


この段階で、「まだ使える」「そのうち何かに使うかも」と思った方は、近い将来片づけレベルが重症化になってしまうと思ってください。

ゴミも紙類もこの通りに手放して困ることは一切ありません。

● 布類・衣類

タオルやハンカチ、シーツ類がたくさんある家庭は、

・賞味期限

・日頃使う数（持つ数）

を決めましょう。

賞味期限を決めると入れ替わりが明確になります。

できれば総入れ替えをしてください。一部だけを入れ替えるとどれを手放していいか後々わからなくなるからです。

ちなみに私は、タオル類、下着類は年末年始で総入れ替えしています（新年は、新しいものを身につけて迎えるという自分なりの験担ぎです）。

下着は処分し、タオル類はカットして使い捨て雑巾として活用しています。

このほか、使用したタオルやシーツなどは、洗濯してあればボランティア団体や福祉施設など必要としている場所に寄付してもよいですね。

身近な場所で寄付を受けつけていないか調べ、お届けするのもよいです。

衣類の整理は、何を持っているのか把握するために全部集めて、

・上着
・ブラウス、カットソー類
・スカート、パンツなどのボトムス
・ワンピース類

などとカテゴリー分けをします。
各カテゴリーから

・1年以上着ていない服
・流行が過ぎたもの
・サイズが合わないなどで着られない服
・コーディネートが難しい服

は手放します。
洋服は、捨てられないモノの上位に入っています。

しかし、洋服が多すぎて片づかないという場合も多いのです。

整理の判断基準は、

「まだ着られる」

「高かったから」

「もったいない」

ではなく、前述の判断で仕分けていきましょう。

さて、ゴミとなる物、紙類、布類・衣類が減れば多くの家ではかなりスッキリするはずです。

これらの物を整理できたら、次に大型の物を検討しましょう。

大型の物とは、滅多に来ない来客用の布団や先に整理した紙類、布類・衣類が入っていた収納グッズや収納家具などです。

収納スペースが空いていれば、また物を詰めたくなるのが人間の心理なので、**空いた収納家具はできるだけ手放しましょう。**

その後は、自宅の中で多いなと思う物から手をつけていきます。趣味で収集している物は、自分の思いがあるので簡単に手放せないため、最後に着手します。

整理のごほうびとして、空いたスペースには何か素敵なモノが入ってくるといわれています。

「素敵なモノ（コト）が入ってくる♪」と楽しみながら整理していきましょう。

場所から始める

場所から始める場合は、物が少ない場所からがおススメです。

物の数が多い場所から始めると途中で集中力が途切れたり、疲れてきたりするため手が止まってしまいます。

中途半端でやめることになり、最初よりひどい状況になるのです。

最初は、物が少ない・狭い・効果がわかりやすい**「玄関」**がよいでしょう。

次に**「テーブルやカウンター」**の上など。

視界に入りやすい場所がスッキリするとやる気がまたアップします。

それから、棚やカラーボックスの中を整理。

1つないし1段ずつでもいいです。収納スペースを空けて、その辺に置きっぱなしになっている物をしまう場所を作りましょう。

継続が大事ですから少しずつで大丈夫です。

整理のコツがつかめるようになったら、徐々に寝室やリビングなどの大きな場所やキッチン、納戸など物が多い場所に移動します。

面倒くさい、忙しい、なかなかできない人へ

面倒くさくなる元を排除する

片づけをするとか、整理をするとか、とにかく家事全般が面倒くさい！と思う人は国民の2／3はいるのではないでしょうか？

大げさかもしれませんが、かなりの人がそう思っているはず。


昔の私は、夕食を食べたらテーブルの上に食べ終えた食器などをそのままにした状態でソファに横になり、テレビをみていました。

横になったら最後、動くことも何もかも面倒になり、結局食器などをキッチンのシンクに置いて、お風呂に入って寝るという日々。

ですから、どうにも家のことが毎日1ミリも進まない（朝、お弁当作りなどが

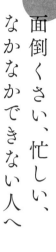

あったのでその時に食器を洗うことがほとんど）。

そんなある日、気づいたのです。

「このソファが私をダメにする！」と。

ソファのせいではないのに、ソファのせいにしました（笑）。

そこで、思い切ってソファを粗大ゴミの日に出したのです。


そこから、私の行動は変わりました。

仕事から帰宅して、夕飯の支度をする。食後は食器を下げて、すぐに洗い物をし、キッチンやテーブルの拭き掃除。就寝前には、水切りカゴから食器類を全て収納場所に戻し、水切りカゴもしまう。

テーブルの上、天板の上など全て何ものっていないかの確認兼拭き掃除をして家事終了という習慣になったのです。


ソファを手放すことで、「面倒くさい」要因を排除できました。

ソファは今でも自宅にないのですが、大きな座椅子があり、そこにリラックスして腰掛けるともうその日は終わりという自分の合図。

ソファまで手放さなくてもよいですが、その日にすることをしてから腰掛ける、横になるといった習慣をつけると面倒くさいがなくなります。

自分の行動を妨げる障壁を排除しない限り、行動は変わりません。

面倒くさいことでもしなくてはならないことなら、サッサとしてしまったほうが後々ゆっくりできます。

後回しにしていると頭の片隅に「やらなきゃ」という憂鬱な気持ちが残り、心の底からリラックスできません。

習慣になるまでが頑張りどころ

「よいこと」も「悪いこと」も日々の繰り返しが習慣になります。

・行動を変えること
・新しいことを始めること（何かをやめることも始めることに入ります）
に関して、脳は抵抗します。

例えるなら、今までのルーティンは、脳の回路の中で舗装道路のようにキレイに整備されている状態です。

何かを始めるということは、何もない山に新たにけもの道を作り、舗装道路工事をするようなもの。

だから、新しい何かを始めたくないのです。

そのため、脳はけもの道を作る段階で一番抵抗します。

気を抜くと
「面倒くさい」

「やりたくない」

という声が聞こえてきます。

または、けもの道さえ作らず、舗装道路以外に行くことを阻むこともあります。

それは、

「そんなのムリ」

「意味ないよ」

というようなやる前から言い訳を探すことです。

ですから、この言い訳を探す初期の段階は強い意思が必要なのです。

「やるために、行動を改善するためにどうしたらいいのか？」

という意思。私はこの段階でソファを捨てるという行動に出たのです。

自分の中の言い訳をつぶす行動でした。

この段階をクリアできたら、けもの道から砂利道のように道が少しずつ整備されてきます。

脳の回路も

「こっち側でもいいかな？」

「いやまだ、舗装の道が進みやすいな」

などと迷っている状況です。

しかし、少しサボると砂利道にはあっという間に草が生えてまたけもの道になってしまいます。脳はやっぱり舗装道路の方がキレイだからあっちに行こうとなってしまうのです。

「今日できなくても明日はやろう！」

と決め、翌日また行動する。

例え体調が悪くて2～3日休んでも、回復したら強い意思を持って始めましょう。

気がつけば、以前の行動には戻りたくても戻れなくなる日がくるのです！

その日を楽しみに、コツコツと行動してくださいね。

1～2カ月は意識して頑張らないといけませんが、継続して、結果がでると充実感や達成感があります。

運を呼ぶ片づけは玄関とトイレから

運気の入り口をまずキレイに

●玄関

運気の入り口は玄関からと言われているほど、玄関は最初に片づけてほしい場所です。風水でも玄関は大切な場所と言われています。

玄関をキレイに整えることで、

・自分が帰宅した時に気持ちがいい

・玄関先で対応する来客にも気を使わずに済む

といったメリットがあります。

今、あなたの家の玄関はどうなっていますか？

宅配の段ボールやとりあえず置き場所が決まらない物などが置いてあれば、まずはそれらから整理します。

玄関は狭いので、段ボールや玄関に置いておく必要がない物を移動させるだけでスッキリするはずです。段ボールが空ならば、つぶして廃品回収までの期間は、目立たない場所に保管しておく。

段ボールに物が入っていれば、取り出してあるべき場所に置く。

玄関に必要のない物は、使う場所に移動させましょう。

このほか、三和土に出しっ放しになっている靴は、靴箱に戻します。

靴箱に入りきらない場合は、靴の整理を行ない、それでも入らない場合は、オフシーズンの靴をクローゼットや物入れなどに移動させてしまいます。

毎日、朝でも夜でもいいので1回は、三和土の掃き掃除を行ないましょう。

●トイレ

「トイレの神様」という歌があったり、大企業の社長がトイレ掃除を推進したりとトイレをキレイにすることの重要性は広く知られていますね。

私が以前勤めていた会社の話ですが、私が勤めるだいぶ前に会社のテコ入れを頼まれた当時の社長がまずは、汚かったトイレ掃除を1人で毎日していたそうです。そこから、徐々に社員の意識が変わり（もちろんトイレ掃除だけのことではありませんが）、会社の立て直しに成功しました。

こういった話は多々あります。

なぜトイレ掃除なのかというと、普通の人はトイレ掃除を嫌がります。

しかし、使うたびに掃除をすればキレイが持続するし、使う人も気持ちがいい。汚いと思う場所を使う人のためにキレイにしておこうと思う、

「思いやり」の気持ちが運を呼ぶのではないでしょうか？

経営破綻に陥った日本航空をわずか3年弱で再上場に導いた、京セラの創業者でもある稲盛和夫氏の言葉でいうところの「利他の心」（他人を思いやる）というものですね。成功には「利他の心」が欠かせないといいます。

運を呼ぶ片づけは玄関とトイレから

●運気の入り口は玄関。一番最初にキレイにしたい場所。

☑ 宅配の段ボールは片づける　☑ 1日1回は三和土を掃き掃除
☑ 出しっぱなしの靴は靴箱に

●トイレは「思いやり」の気持ちが表れる場所

☑ 余計なものを置かない　☑ 掃除道具を床に直置きしない
☑ トイレマットなどの布類を置かない

自宅のトイレをキレイに掃除することで、自分の家以外のトイレもキレイに使おうという気持ちになっていくもの。

キレイはキレイを呼ぶ連鎖ですね。

掃除を短時間で終えるためには、トイレに余計なものを置かないこと。

飾り物や本を置いているとニオイが染みつき、掃除の際によけたり、その物のホコリをとりながらの作業になるので面倒くさい気持ちになります。

それから、トイレマットなどの布類は便や尿のニオイ分子がくっつきますから、置かないほうがいいです。

トイレは狭いのでできる限り掃除道具などを床に直置きしない。

床にしか置く場所がなければ、ケースやコの字ラック、突っ張り棚を配して床拭きがラクになるよう工夫してみてください。

このほか、掃除のたびにスリッパの裏側を拭き、こまめに交換しましょう。

健康運は寝室から

質のよい睡眠のために

心身共に健康であるためには、「質のよい睡眠」が欠かせません。

睡眠中には体の疲れをとり、頭の中の情報整理も行なわれます。

お金持ちは、しっかり眠ることが最大のコストパフォーマンスととらえ、ベッドマットや枕、寝室の環境を整えることに注力しているのです。

また、さまざまな病気を引き起こす高血圧リスクについて、ペンシルベニア大学院の調査で、睡眠時間が「6時間以上の人に比べ、5時間未満は5倍、5〜6時間は3.5倍増え」、さらに日中に集中力や記憶の衰えがみられるという結果が報告されています。

睡眠時間が少ないことはメンタルが弱り、うつになる要因であることも知られています。

ですから、心身ともに健康でいるための寝室整理は重要なのです。

起床したらカーテンと窓を開け、空気の入れ替えをします。

人間は寝ている間に大量の汗や湿気を布団に放出しています。

それから、ベッドメイクをほどこし、できるだけ物が表に出ないよう片づけます。

先程も言ったように睡眠中は情報処理を脳の中で行なうため、寝る直前に物を多くみない（みえないようにする）ことが大事です。

部屋が雑多な場合、意識していなくても視界に入ったいろいろな物たちが頭の中に残ります。

その分も処理しなくてはならないため脳は忙しくなります。

寝室に出ているこまごまとした物は、クローゼットや押入れに入れる、オープンではなく扉付きの収納家具にしまうなど、見た目をホテルのようにスッキリさせましょう。

また、風水では、部屋の構造上出ている梁《はり》や柱の角などが自分の寝ている方向に向いている場合、尖ったものが危険と無意識に緊張してしまうそうです。ベッドの位置を変える、イミテーショングリーンなどで尖った角を隠すなどしましょう。

このほか、「心や脳の疲れは他人に対するやさしさの欠如という形で現れる」（＊）ということもあり、寝室をリラックスできる場所にすることは重要です。なぜなら、最大の運を運んでくるための人間関係にやさしさは欠かせませんからね。

＊『最高の休息法』（医学博士・久賀谷亮著、ダイヤモンド社より）

各部屋別の片づけ方【リビング・ダイニング・キッチン・洗面所・浴室】

家中がスッキリ！

玄関、トイレ、寝室がスッキリしたら、ほかの部屋も順番にスッキリさせていきましょう。

自分のペースで各部屋を進めていくと、やがて家中がスッキリします！

その時を楽しみにしながら進めましょう。

●リビング

あなたが夢みるお金持ちまたは憧れの暮らしをしている人のリビングはどんな感じですか？

起きている間は、家の中でリビングが一番長く過ごす場所です。

その長く過ごす、長く目にする環境はあなたの思考を創り出します。

映画でもテレビでもお金持ちの象徴として大きなシャンデリアが飾ってあるのをみかけませんか？

「なぜお金持ちの家にはシャンデリアがあるのだろう？　落ちたら危ないよね」くらいに思っていたのですが、「思考は実現する」というように常に豪華なシャンデリアをみることで、これに見合う人間だと潜在意識に刷り込める一番簡単な方法だと思うのです。

シャンデリアをつけられる天井の高さがないにしても、豊かな意識を植えつけるリビングにしなくてはなりません。

それには、1に片づけ、2に片づけ、3、4がなくて、5に片づけです。とにかく、出ている物という物を整理整頓します。

リビングになくていい物は、リビングから撤去すること。

日頃、リビングで何をして過ごしていますか？　テレビをみるくらい、というなら極端かもしれませんが、テレビとソファだけで十分です。

そんな感じで、リビングに置いてある物を選定しましょう。

そして、生花や絵画など、成功している人のリビングにありそうなものを飾ってください。

●ダイニング

食事の時間は五感をフルに活用して過ごします。

散らかったテーブルの上の物をよけた隙間に、A5ランクの高級和牛ステーキとごはんを一緒に盛りつけた皿を置く。

美味しいはずだけど、なんだか100％そう感じられないはず。

しかし、ご飯と味噌汁に漬物でも、片づいたダイニングのキレイなテーブルでキレイに盛ってあれば五感が満足します。

キレイにしてある室内で、物がのっていないテーブルで食事をとれば、

「ちゃんとしている」

という自己肯定感が育まれます。

前置きが長くなりましたが、**テーブルの上は常に何も置かない。**

「キレイな場所で食事をとる」

これがダイニングスペースの役割です。

書き物や何かする時はその時だけ。終わったらテーブルから元の場所へ戻すこと。これを必ずルールづけてください。

●キッチン

私の知っているお金持ちの方は、外食(会食)が多いため料理をあまりしません。

会社員で毎月の月収からきちんと貯蓄してお金持ちになった方は、逆に料理(自炊)を日々しています。

ただ、どちらの世帯もキッチンにはほとんど物が出ておらずスッキリとしていることは共通です。

逆に外食が多いのにキッチンが物だらけの世帯もありました。

マンションのよくある細長い独立キッチンだったのですが、半畳ほど平均より奥行きがあったことがあだになったのか、ものすごい量の物がありました。

外食ばかりなのに、家にいる時は「お菓子を手作りする」「料理の品数をたくさん出す」といった「思い」だけが膨らみ、道具がどんどん増えていったのです。

一度も使っていない家電や便利グッズが多数。

それに合わせて買った食材も多数。

スーパーのバックヤード並みに食材や物があったためキッチンの床面積が狭くなり、動線も悪い状況。

そのため、さらにキッチンに立つことが嫌になり、キッチンを使わなくなってしまったのです。

でも、たまに頑張ろうとまた何か道具を買ってはモチベーションをあげようと試みる、の悪循環でした。

こうなると、ムダ遣いが増す上に物が増えます。


キッチンなどの家事道具を増やさないためには
「この道具があれば○○できるかも」

という自分に対する淡い期待をやめること。

例えば、今度こそ痩せる！　とジムに入会しても理由をつけて休み、気がつけばただ会費を寄付しているような状態になっているのと同じことです。

「買う」「増やす」よりもまずは、「減らす」ことで自分に期待をしてみましょう。


キッチンの整理では、いつも使う道具、食器だけを残します。

物が少ない方が調理はしやすいし、後片づけもラクです。

ボウルが1個しかなければ、使ったらすぐに洗ってまた違う調理に使うため、洗い物が溜まりません。鍋やフライパンも最大3個あれば十分。コンロが3個以上ある家は滅多にないですから。

こうして、物を減らして時間を浮かせることで大幅なストレス軽減と気持ちのゆとりができます。

まずは、季節品以外でこの1カ月使っていない道具は、整理対象として検討してください。

●洗面所

洗面台は、歯磨きや洗顔、メイクにヘアケアという身支度を行なうため、とても汚れが付着しやすい場所です。

歯磨きや洗顔時のしぶき、髪の毛、化粧品の粉、スプレーやムースの泡、そしてホコリが付着します。

目にとまらない小さな汚れが大量に積もりやすいため、物を表に出さないこと。特に洗面台の上には何も置かないようにします。

「そんなこと言われても我が家の洗面台は小さいし、収納も少ないからムリ」と思うかもしれません。

毎日、物をよけて掃除をしているのならよいですが、物が邪魔で掃除もできないし、物もよけたくないと言っていたら不潔なままです。

水回りを不潔にしておくのは運気的によくありません。

買ったけど使っていないメイク品、ヘアケア品、洗剤や道具などは処分をします。

自分がリピートして使う品だけを選んで残しましょう。

そして、洗面台や周りに置いてある物は収納スペースにしまいます。

収納スペースが足りないのであれば、個人別または用途別でケースやカゴに入れて、新たに追加した突っ張り棚や小さい棚などに置きます。

使う時だけそのカゴやケースを洗面台に置くようにします。

洗面台には、小さめのスポンジを1個置いて、歯磨きや洗顔などを終えたらサッとひと磨きする習慣をつけると日頃のお手入れがラクになります。

●浴室

私は講演やセミナーで大勢の人の前でお話をしたり、接したりする機会があります。

ある時、僧侶の方から「大勢の人が集中している場所はさまざまな念があり、嫌な感覚があったり、妙に疲れたりした時は、必ず湯舟に浸かりなさい。その時できれば塩と日本酒を入れるとさらによい」と言われました。

お風呂は悪い気を落とすのにとても重要なのだそうです。

そのような重大な任務のある（？）浴室は、穢れのないようキレイにしておきたい場所。

例えば、

・シャンプーやトリートメントなどが家族ごとにある

・いろんなものを試しては置きっぱなしになっているという家が多いです。

細々とした物が置いてあると底がヌメヌメし、置いてあった場所も黒カビやピンク色のカビがはえ、体を洗う場所なのに汚い……。

お風呂には物がいっぱいあるからと、置いていない場所だけサッと掃除している家庭は余計にみえない場所が汚れていきます。

まずは、誰も使っていない物は処分し、置いてある物は床や台に直置きしないようにします。

収納のための台などを使う場合は、底に足がついていて、底面が網目になっていたり、浅いものなど、お手入れがしやすい形状を選びます。

今は、ビジネスホテルによくあるような壁にシャンプーなどを装着できる収納グッズも売られています。詰め替え用ボトルに直接キャップを差し込みぶら下げられたりするグッズもありますので、そういった品を使うと掃除がラクになります。

このほか、自分が使うシャンプーやボディソープなどは、水キレのよい大きな格子のワイヤーラックに入れ、日頃は脱衣所に置いておき、入浴する時に持ち運ぶという手法もあります。

そして、髪の毛が溜まりやすいお風呂の排水口はその都度洗いましょう。

みえないところも運気は影響する【クローゼット・靴箱・引き出し・冷蔵庫・鏡】

大切なみえないところの片づけ

みえないところも整理し、片づける。

みえないといっても、使う物を出し入れする場所ですから、やっぱり日々目に入るところ。

そこをスッキリさせることで運気は切り替わります。

●クローゼット

家の中のあちこちに衣服がありませんか？

または、プラスチックの衣装ケースなどが部屋に積んでありませんか？

クローゼットやタンスに収まらず、あちこちに衣服がある、収納ケースがあるという状態は、床面積を狭めてしまう原因です。

床面積と貯蓄高は比例するとも言われています。

つまり、衣類を持ちすぎること自体が運気を悪くしてしまいます。

高かった、ブランドものだからという理由だけで、何年も袖を通していない服を持つとただ運気を下げるだけです。

活性化していない物は、澱むため悪い気しか発しないのです。
・毎日出掛ける時にすぐに着たい服がセットできますか？
・毎回着ていく服に悩んでいませんか？
それも日々小さなストレスになります。

そして、悩んだ上に着たコーディネートがイマイチだったらそれもストレスで、ストレスだらけの負のクローゼットです。

運気のよいクローゼットはこんな衣服が収納されています。
・素敵にみえる

・オシャレな人にみられる
・高級感がある

それだけでも他人からの扱いは変わります。

「まさか」と思うかもしれませんが、人柄などの人間の中身を知ってもらうには時間が必要になり、そんな時間をかけて分かり合うほどの関係は残念ながらごく少数です。

質のよいきちんとした格好でホテルに行くと、空いているからとワンランクの上の部屋に通されたことが何度もあります。

また、たった1度ですが、東南アジアから戻る飛行機で、現地のグランドスタッフがビジネスクラスに移動させてくれたこともありました。

それだけ見た目というのは、その人を判断する材料になるのです。

逆に自分もそうやって他者を判断することがありますよね。

外出着は、

・体型に合っていない
・毛玉がある
・ほつれている

など、貧乏くさい服は全部手放してください。

部屋着は、ラクで急な来客対応が可能なものを残すといいでしょう。

私服が仕事着という方以外は、服の数はそんなに要りません。クローゼットに余裕があるくらいの数で十分なのです。

●靴箱

役職のある方やお金持ちの方、また、そういった方と取引をされている方々は、相手の足元（靴）をみます。

高級な靴かどうかではなく、靴をきちんと手入れしているかどうかで人となりがわかるのです。

靴の踵や底がすり減っていないか、泥や汚れがついていないかなどを確認します。

靴箱の棚板も汚れていないか要確認です。

靴箱のスペースにゆとりができるように靴を収納してください。ゆとりがないと靴の手入れもおろそかになります。

収まりきらない場合は、1段に上下にしまえる収納グッズを利用したり、オフシーズンの靴や冠婚葬祭用の靴は別の場所にしまうなど工夫してください。

また、1年以上履いていない靴は整理を、傷んだ靴は処分しましょう。

●引き出し

「引き出しの中には小さな財運が隠れています」

というのはオーバーかもしれませんが、片づけに伺ったお宅で引き出しの整理をしていると、高確率で封筒やノートの間にお札や記念硬貨が入っているのです!

つまり、片づけたことによる臨時収入ですね(元からあったのですが、笑)。

お金がなくても、物が詰まった引き出しからは何かしら「みつかって嬉しいモノ」や「懐かしいモノ」が出てきます。

そして、引き出しの中を整理して、スッキリさせると引き出しを開けるたびに気持ちがよいものです。

あの雑多なカオスなスペースがこんなに見渡せる！という感動。

こんなところまで整理整頓ができている自分を自分で褒めたくなります。この気持ちよさが運につながります。

引き出しは、物の場所決めの基本。

この引き出しには○○とシールを貼って分類してしまいましょう。

「文房具」とか「医療（保険証や通院カード、薬など）」、「電池」などと分類すると引き出しの中をきちんと収納していなくても、わかるので便利です。

●冷蔵庫

冷蔵庫の整理は食費が浮くため、ズバリ預金ができるし、「食」の場所なので健康運、家庭運にもよいです。

最初に確認しておきたいのが、冷蔵庫内をどれだけの頻度で掃除しているかということ。

大掃除の時にしているという家庭が多いのですが、それでは年に1回ということです。

食べ物をしまっている場所なので、買い物をして新たにしまうたびに拭き掃除してほしいもの。

冷蔵庫の一番上の段やその奥、野菜室の底、扉の内ポケット、冷凍庫などにいつしまったかわからない食品がありませんか？

冷蔵庫は、クローゼットや納戸のようにしまったまま何年も放置していたのでは恐ろしすぎます（実際に十数年前の食材が奥から出てきた家庭がありました）。

必ず全て忘れないように管理できる収納にすべきです。

冷蔵庫整理の基本は、一番上の段には○○、2段目には○○、といった具合に置く場所を決めてしまうこと。

そして、奥行きに合わせたトレイやケースを置いて、奥の物もすぐに引き出せるようにすること。引き出せれば拭き掃除もラクにできます。

このほか、野菜室や冷凍庫は重ねて置くと下に埋もれた食材が忘れ去られてしまうので、重ねないで立てるようにしまってください。

●鏡

鏡は、「美」と関係すると言われています。

「鏡よ、鏡、世界で一番美しいのは誰？」

という白雪姫の継母のセリフがありますが、そうつぶやいて覗くと必ず自分が映っています。

しかし、鏡が汚れて曇っていたなら、曇った自分が映ります。

美しくなりたいのなら、鏡を磨くこと。

顔は年を経て、顔つきというものに変わっていきます。生き方、暮らし方が表れるのです。

よく体つきには、生活習慣が出ると言われます。怠けた生活をしていると体がたるむのと同じで、意地悪な人は意地悪な顔になり、優しい人は笑い皺の素敵な優しい顔になります。

顔が美しいというのは、単なる顔の造作ではないのです。きちんとした暮らしを営むことで、凛とした美しさが顔つきに表れます。

鏡を毎日磨くという人は意外に少ないもの。そういったことが日々できる人は美しくなる。

美の女神が舞い降りるということです。

金運はこの整理から！

お金を貯める片づけ習慣

誰もが思う

「金運を上げたい！」

「金運が欲しい！」

ということ。

お金を欲しいと思う気持ちは悪くありません。

お金は、美味しい物を食べたい時、旅行に行きたい時、学びたい時、誰かを助けたい時など、いろんな時と場合に必要になります。

そして、お金が欲しい、お金持ちになりたいという欲はごく当たり前のこと。ただ、お金の使い方、儲け方が悪い人がいることで「お金が悪」「お金が欲しいなんて下品」と思われているのです。

ここでは、金運を上げるため、実際にお金を貯めていくための片づけ習慣を紹介します。

財布の中を整理する

外出から帰るたびに鞄の中身を出して、財布の中を整理します。

レシートや領収書、カード明細などは必ず出す。

お札の向きは揃えて戻す。

小銭が多ければ、ある程度貯金箱などに移す。

そして、カード類や口座の整理もしましょう。

日頃からよく使うポイントカードやクレジットカードだけ厳選します。

買い物をしてもポイントがあまり貯まらない、貯まっても欲しくない景品があたるだけという類は手放します。

クレジットカードも、ポイントが貯まりやすいとかマイルがつくといったメリットのあるもの1〜2枚に絞りましょう。

銀行口座などは、管理しやすいように生活口座、引き落とし用、貯蓄用の2〜3口座に絞ると管理がラクです。


財布から出した領収書、レシート、カード明細などはその日に記録しておくようにします。

つまり家計簿的なものをつけるということ。書いてもいいし、アプリでもいいです。

細かくつけようとすると面倒くさくなるので、
・ざっくりその日使った金額だけ
・食費・日用品代・衣服、美容費・医療費・娯楽費といったおおまかな分類でもいいです。
ここで、大事なのは、カードと現金（電子マネー含む）を合わせて使う予定の予算ありきでつけること。

毎回、予算から使った分を引き、残りが今月使える分。それを把握しておくことで、丼勘定にさよならできます。

ムダ買いをして、お金を使いすぎる人は丼勘定であることがほとんどです。物を整理することで、毎年・毎月の買い物予算をたてられます。

レシートもカード明細もみずに財布に入れっぱなしで、溜まったら処分する。カードをいくら使ったか把握していないから、口座残高も危うい。

そんな繰り返しです。収入はあるのにお金が残らない人は、使途不明金が多すぎるから。何に使ったかわからないお金を把握し続けることで、ムダ遣いは減ります。


お金を貯めたければ、財布や口座などお金に関する箇所の整理整頓を行ないましょう。

第 4 章

片づけで、
心も整理する

心の中を片づける

物を溜め込む心理要因

この章でお伝えしたいことは**「心の中の片づけ」**です。汚部屋である人と、そうではない人がいます。

同じような環境でも、同じ家庭で育っても、汚部屋である人と、そうではない人がいます。

ですから、片づけ方を知っているか、知らないかという単純なことでもない場合があります。部屋をみれば心理状態がわかるというように、ノウハウだけでは解決できないこともあるのです。

私が訪問した多くの住まいは、物があふれた状態でした。

その要因のひとつに

「自分の幸せを他人と比較して決める」

というような心理が見受けられました。

根本は「ないモノ」に注力していること。

他人と比べて自分には
「お金がない」

「素敵なパートナーがいない」

という、自分で思う、ない部分ばかりを気にしているのです。

あるいは、ないと思っていることに自分では気づかず、満ち足りた何かを無意識に求めていることがある場合も。

そして、その何かがわからず、次々と物を買ったり溜め込んだりして一瞬の満足感を求めているのです。

物ではなく、食欲、ギャンブルだったりのパターンもあります。

つまり、自分のない部分ばかりが気になると
「欠けたところを埋めたい」

と無意識に願い、てっとり早く埋めるには「物を手に入れ、溜め込む」ことなのです。
世界中を探しても、何もかも持っている人は誰1人いません。
他人と比べてしまいがちな人は、他人の表面だけをみるクセをやめること。
例えば、華やかにみえる芸能人でも、日々ルーティンの繰り返し。
嫌な仕事関係者もいるでしょうし、不安も多々あると思います。
どんな人間にも葛藤や不安、劣等感は大なり小なりあるのです。
今、あなたの住まいの状態が、

・物が多すぎる
・物を捨てられない
・部屋を片づけられない

というのであれば、心ここにあらずというような状態。気持ちが1㎜も暮らしに向いていないのです。別な何かに固執しているのです。

考え方、執着を手放していくことで、選択肢が広がります。選択肢が広がると、樹木に囲まれ、うっそうとして狭かった人生の道が、いきなり視界をさえぎるものがない大平原に出るイメージに。どこへ行こうか、ちょっと寝っ転がろうか、などと気分がよくなり、行く先も見渡せる感じです。

あなたは、物に埋もれた部屋で暮らしていい人間ではありません。キレイに整った住まいで暮らすべき人です。

ないモノに目を向けるのはやめて、まずは、「あるモノ」に目を向けていきましょう。常に今の暮らしが幸せだと思えば、今あるモノに感謝できれば、自然と周りを整えることができます。

物を大事にするという意味

住まいをキレイに整えていた私の祖母は、いつも口ぐせのように「ありがたい」と言っていました。戦時中に小さな子ども3人を連れ、命からがら樺太から引き揚げてきた祖母。

極寒の地で捕虜となった祖父も戦後しばらくしてから奇跡的に帰国。家も土地もなくなり、ゼロからのスタートをした祖父母。

引き揚げ中に共に逃げていた仲間はソ連軍に撃たれ、捕虜となった祖父はマイナスの極寒地で強制労働をさせられ、毎朝誰かが冷たくなっていた。だから、生きているだけで「ありがたい」と言っていました。

その体験を経て、穏やかな暮らしに感謝し、住まいや物を大事に扱うということをしていたのでしょう。


物をたくさん取っておく＝大事にしている、ではありません。

手入れをしながら長く使うことが、大事にしているということなのです。

友人関係で例えるとわかりやすいと思います。

友人がたくさんいるけれど、連絡もしてこない、もしくは誰か覚えていないような人と、数少ない友人を気にかけて、困った時は相談にのってくれる人。

どちらが友達を大切にしていると思いますか？　ということです。

自分と向き合いながら整理をしてみる

また、部屋を片づけても、心の中が片づかないとリバウンドもありえます。

部屋を片づける目的が
「とりあえず片づけたい」

「来客があるから」

といった一時的な意味合いの片づけではなく、

「自分はどう暮らしたいのか」

ということをみつめないことには根本的な解決にはなりません。

物を整理しながら、

「なぜ、これを買ったのだろうか」

「なぜ、取っておきたいと思うのか」

と考えた時に、その答えが、

「もったいないから」「そんなに使っていないから」である場合に、ただ取っておいてまた同じことを繰り返すパターンでいいのだろうかと自問自答してください。

そして、

・物があふれた部屋で暮らしたいのか
・スッキリした部屋で丁寧に暮らしたいのか

自分に問いかけてください。どう暮らしたいのかを考え続けながら、ゆっくり整理をしてみましょう。


きっとある時、答えがみつかります。

その時に、心が整理されていくでしょう。部屋を片づけ続けることで、自分と向き合うことができます。

感情を片づける

コントロールできないものへのストレス

全く物が減らない、買い物が多いという人は、
・自分のことを他人が認めてくれない
・私にはないモノをあの人はもっている
・私の方がスゴイのに
と、自己評価は高いのに、他人からの評価がそれに見合っていないとストレスを感じていることがあります。

認めてほしいという承認欲求の現れでもあり、自分のプライドが傷つくと何かのきっかけでいきなり怒り出すなど、機嫌が悪くなるタイプです。

これは、こだわりや「こうあるべき」という考え方が強い人に多く見受けら

れます。他人や世の中をコントロールできないストレスなのですが、自分の考え方を変えない限りずっと続きます。

自分を認めてほしい、または自分が正しいと思っている。

でも、現実は違うためストレスを溜めている。

そのストレスで部屋を散らかして年をとるほど、ムダな人生はないと思います。

そう感じる時は、自分が何に対して
「腹が立つのか」

「悪いと思うのか」

そういったことを素直に書き出してみましょう。

手書きで書くことが大事です。

それプラス、ひとつでもいいのでその日の「嬉しかったこと」また「ありがたかったこと」も最後に書きます。

あと、買い物をした品と金額も書いておくといいでしょう。

これを日々続けてみてください。

すると、そのモヤモヤとかイライラに「共通した項目」がみえてきます。「特定の人」のことだったり、「不安なことの根本」がみえたりするのです。

書いたことを後日見直すと、冷静になってきます。

また、どんな時に買い物をして、いくら使ったのかが可視化できます。

毎月、半年ごと、1年の合計金額をみると結構な額になっていたら反省して、家計の見直しをしてくださいね。

他人とのかかわり方も見直してみる

自分を楽しませること、自分のストレス解消になることにはお金がかかります。しかし、誰かを楽しませる、喜ばせることはお金がかからないし、自分の心も満たされます。

誰かを楽しませる、喜ばせるのはお金や物ではなく、

・笑顔
・共感
・お手伝い

といったようにプライスレスなことです。

感情的になり、他人と摩擦を起こすよりも、思いやりのある接し方をしている方が、抜群に「運気」は変わってきます。

自分の感情を整えるということは、運気には必須なのです。

過去は変わっていく

他人の行動は気にしないこと。他人を変えようとするのは独裁者と同じようなことです。

自分が変わるか、自分や大事な人のことに気を使ったほうがいいのです。

一方で、私は「過去」を変えられると思っています。

年をとると、思い出は美化されるというくらい自分の都合のいいように頭の中で書き換えが可能です。

ですから、苦い思い出も、実は違ったのではないか？と別の解釈を想像してみてください。

運をよくするためには、「身の回りを整え、体調を整え、生活を整え、感情を整えておく」こと。

身の回りを整えれば、外見がきちんと整えられます。

体調を整えれば、仕事も遊びも万全な体制で行なえます。

生活を整えれば、人となりに表れます。

感情を整えれば、人から信頼されます。

不機嫌な人や怒ってばかりの人には誰も寄りつきません。

常に「ご機嫌」でいられるよう感情を整理することは、運を呼ぶためには必要なことです。

運は人が運んでくる

「出会い」を大切に

運とは「チャンス（機会）」を得るということ。

このチャンスの大きさや数の多さが運気上昇の決め手です。

運をつかんだ人の多くが、人生のターニングポイントで
「ある方との出会いがあった」

「紹介してもらった」

ということを言っています。

1人で行動し、1人でチャンスをつかみ、自分だけの力で成功しました！という話を聞いたことがありません。

出会い（縁）や紹介、引き合わせといったものが運を得る秘訣なのです。

人はどんな人にチャンスを与えたい、紹介したいと思うか

「コッコツ頑張っている」

「きちんとしている」

「言い訳をしない」

そんな人に、周りはチャンスを与えたいと思うのではないでしょうか。

人を紹介したり、チャンスを与えても、適当に仕事をしたり、放棄したりするような人であれば、紹介した人物が迷惑をこうむるだけ。

あなたの日頃をみていた誰かがチャンスのバトンを渡してくれるのです。


道南の小さな町で自宅の空いた部屋を利用し、小さな民宿を始めた父方の祖母。町に工事や観光でやってくる泊まり客を手料理でもてなしていました。

採算度外視した海の幸の美味しい料理とたくさん用意されたおかわり。早く

出発するお客にはおにぎりを持たせるなど、母親のように接していました。

昭和の前半でしたから今のようなネットもSNSもない時代。人づてに口コミだけで泊まり客がどんどん押し寄せたため、増築を重ね、100人ほども泊まれる規模になっていました。

朝早くから朝食の仕込み、昼間は部屋の掃除や畑仕事。夜は遅くまで夕食の片づけと厨房の掃除。

気づけば町一番の民宿となっていました。

そして、今では当たり前になっている道の環境整備ですが、当時から祖母は雑草を抜いたり、ゴミを拾ったりと、町をキレイにしていたのです。

商いと徳を積む行動で大きな財を作りました。

運は去っていくこともある

口コミは、他者から与えられるチャンスです。

どの町にも、都市にも口コミで商売繁盛している店や会社があります。人の信頼を裏切らない商いをしているからだと思います。

信頼が長く続くとそれは「ブランド」になります。

そして、ブランドであってもごまかしや手抜きがみえた時、その信頼はあっという間に失墜してしまいます。

その時に「運」は、去っていきます。

人々の信頼を失ったのと同時に運にも見放されるわけです。

いつも物を失くす、遅刻をする、だらしないといった人間にチャンスを与えようと思う人はなかなかいません。

持ち物の整理をし、部屋をキレイにすること。

人からみえないところを整えるとみえる外側が変わり、「あの人はきちんとしている」という評価がついてくれれば、チャンスは近いうちにやってきます。

付き合う人を選ぶと運気が上がる

人間関係の変化は自然の流れ

人生は、多くの出会いと別れを繰り返します。

小さい頃から仲がよかった人と今でもお付き合いのある人もいれば、引越したり疎遠になって何をしているのかもわからない人もいます。

学生時代は仲がよかったのに気がつけば会うこともなくなった。逆に学生時代は仲がよいわけでもなかったのにひょんなことからよく会うようになった、ということもあります。

付き合う人の流れは、人生の流れに合わせて変わっていくものだし、変えていくのもありなのです。

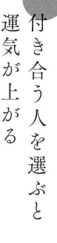

なぜなら、時間は有限であるため、一緒にいて楽しくない、学びがないなど、ネガティブな気持ちになるのであれば、時間がもったいないです。

また、一緒にいて楽しかったのに自然と疎遠になる時は、お互いにみえる景色が変わったからともいえます。

人生という山を登っていて、足並みをそろえている時は、眺める景色もリズムも一緒。

しかし、誰かがこの景色が好きだからと立ち止まる、誰かがもっと上に速く登りたいと思う。すると、みえる景色は変わり、足並みもそろわなくなり、話が合わなくなる。

上に行った人は、上にいた人と話が合うし、立ち止まった人は、後から登ってきた人と話が合う。人付き合いとはそういうものなのです。

立ち止まる人が悪いわけでも、足早に上に行く人が冷たいというわけでもない。

自分のペースで動いた先にいる人と、みる景色が一緒。

ただ、それだけなのです。

だから、あなたが先に進みたいならば、立ち止まりたい人に「またね」と言って進む。あなたが立ち止まりたいなら、早く行きたい人に「いってらっしゃい」と言って見送る。

それが、今付き合う人を選ぶということで、「行かないで」「ついてきて」と執着すべきではないのです。

多分、恋愛や結婚も同じです。目指す方向が違った時に別れは必ずあります。川の流れと同じで、そこで執着すると、流れが止まり、水が澱むように人間関係も悪化するだけ。

また、やらなくてもいい役は、引き受けない方がいいでしょう。

時間を奪われ、ストレスが溜まるだけです。あなたがやらなくてもいい役を頑張って、身近な家族との時間をないがしろにするほど虚しいことはありません。

限りある時間を有効に使うためには、人間関係の整理を行ない、大切な人との時間を優先しましょう。

運のよい人は付き合う人間を選ぶ

成功している人、お金持ちの人は、必ずと言っていいほど「運の悪そうな人」「ネガティブな人」「不平不満や過去の自慢話ばかり言う人」とは付き合わないときっぱり言っています。

逆に未来を明るく話せる人、いつも楽しそうな人と好んで付き合います。

運が悪めの人が言うならまだしも、すでに「運がいい」はずの人がそう言うのです。

居心地が悪い人間関係なのに「離れたら悪く言われそう」としぶしぶお付き合いをしている人がいます。

悪く言われそうということは、今まで誰かのことを悪く言っているのを聞いているのですよね。それは、「類友」になってしまいます。

一緒にいると思考は似てくるし、楽しくない集いにいるとずっと澱んだ場所にいることになります。

何か始めようとすると「頑張ってもうまくいかない」とか「成功している人は私たちとは違うから」とやることをあきらめさせます。

しかし、成功している人たちは、誰かが挑戦しようとすると「いいね！」「応援するよ」と言います。また、周りがどんどん行動や挑戦をしているのをみることにもなるので刺激にもなります。

だから、成功者の周りには、成功者が増えるのです。

付き合う人で、思考や行動は変わります。

ある意味、人間関係の整理は人生において最も重要な整理とも言えます。

常に今に全力投球する

あなたが今なすべきことは？

運は、その人の考え方、捉え方も影響してきます。

過去ばかり振り返り、懐かしがっている時間はありません。

人生は、有限であり、ある日いきなり予告なしに終わるからです。

同じように未来を不安視し、憂う時間もありません。予測不能な未来やまだ来ていない将来を心配するのはストレスになって体によくないし、本当に時間のムダです。

その時間に引き出し1段の整理はできるはずです。


常に今なすべきことを丁寧に一生懸命に行なうことで運は開けます。

目の前にある仕事や暮らしを自分のため、誰かのために心をこめて行なうことが未来の芽になるのです。

もちろん夢や目標を持つことは素晴らしいことですが、それを叶えるために先のことばかりを考えて行動するよりも「今」なすべきことをきちんと行ないましょう。

今なすべきことの「手抜き」は、積み重なって大きな手抜きの結果となるし、今の「きちんと」の積み重ねは、未来に大きな成果として現れます。

つまり、運は「今」の先にあるか、ないかなのです。

できない、やらない理由を探すヒマはありません。失敗したけどやってみた、少しだけどできたという「今」の積み重ねに運がやってきます。

だからこそ、目の前の片づけや整理に少しずつでも取り組んでみましょう。

小さな行動から未来を引き寄せる

タレントで実業家、元政治家の杉村太蔵さんは、大学中退後就職氷河期にやっと採用になったビル清掃の派遣でトイレ掃除を毎日していたそうです。どうせ掃除するなら「徹底的にピカピカにする」と決め、楽しく掃除をしていました。

その様子を日々みていた外資系企業幹部からスカウトされ、その会社に入社。

それがきっかけで、その後縁があって自民党入りしたという話をされていました。

就職氷河期という時代を恨まず、この先どうしようと憂うことなく、ただひたすら目の前の「与えられたこと」を一生懸命にする。

トイレを使う人のことを思ってした掃除と自分が楽しもうとしたことが、想像もしない未来を引き寄せたのです。

すべてが「今」次第

私は、人の未来への道というのは、霧がかかって一寸先もみえない状態だと思います。

その霧の向こうには幾千もの道が枝分かれしている。

そして、この瞬間の行動や判断で枝分かれしていた道のひとつがみえ、進めるようになっていく。その先はまたわからない。

自分の判断や行動、言葉ひとつで霧が晴れて、青空がみえかかった道が、急に暗闇に変わることもあれば、真っ暗なトンネルだったのにいきなり光が差し込み、明るく広い道に出ることもある。

全てが「今」次第だと思うのです。

だから、過去に買った高価なもの、栄光に関するものなどに執着しているということは「今」を生きておらず、いつまでも重い荷物を背負ってみえない霧の中をさまよっていることになります。未来の心配も同じことなのです。

今なすべきことに
丁寧に向き合うことで運は開ける

過去ばかり振り返り、未来を不安視する時間より、
今に向き合い、今できることに向き合う。
目の前の片づけから運はやってくる。

**●過去に執着したり、未来の不安や心配に
とらわれていると前を向けない。**

●「今」の積み重ねが運を呼ぶ。

今なすべきことをひたすら真剣に行ない、今必要な物だけを持つ人に道を照らす灯りがともるのです。

過去を振り返らず、今だけをみるというのは運がいい人の共通点です。

過去の物を多く取ってあるということは、後ろばかり振り返る、固執するということ。

固執する心理は、物への執着にもつながり、いらない物を取っておきたがるのです。

前を向きたいのにどうしても前を向けないという場合は、思い切って過去に関する物を手放していくのもありだと思います。

第 5 章

運は
お金で買えない

運はお金で買うことができない

神様はお金をとらない

幸運を引き寄せる高額なパワーストーン、運気がアップする高額なお守り、悪運を断ち切るために要求される高額なお布施などがありますが、神様はお金をとりません。神様は富を無限に持っているから、いらないのです。お金を搾取しようとしているのは、神様の代わりを名乗る人間です。

だから、高額な金額を支払っても効果はありません。

仮に運がお金で買えるのなら、世界の大富豪が買い占めてそれ以外の人にはチャンスは訪れないはずです。

しかし、いつの世も一代で大きな財を築いたり、成功したりする人がたくさんいます。

お金を払って運や幸せ、成功を得ようとすることは、ほかの人が小さな徳や努力を積み重ねる時間をお金で解決しようとする行為です。でも、お金では買えないので結局うまくいかないのです。

いずれにしてもたくさんの人は「運がよくなること」を探しています。

そして、その多くは他力で「棚ボタ」のような運を待っています。

運はショートカットできない

だから、お金を払えば何とかなる、高額ならなおさら叶えられるはずと考える。そう思ってたくさんお金を使った人ほどなぜか運がこないし、幸せではありません。

なぜなら運は自分の力で切り開く、行動の積み重ねの結果だからであって、その積み重ねの時間をお金で買おうとする考え方に運は味方しないからです。

「運」と言っても、欲しいと思う運の種類は人それぞれです。ただなんとなく「運がよくならないかな」と思っている人のところに運は来ません。欲しいものの、望むものが明確にならないことには、行動ができないからです。

例えば「お金が欲しいから、金運を高めたい」と思うとします。

では、そのお金は何で得たいのか。

給料アップなのか、商売繁盛なのか、宝くじなのか、油田を掘り当てるなのか。

後半2つはまず確率が少ないですね。それを運の種類とすれば「棚ボタ運」というものになるのではないでしょうか。

もちろん会社の業績が上がって、ちょっとしたミニボーナスなどの金運はあるかもしれませんが、たいがいは、金運＝仕事運です。

仕事運は黙って会社の机に座っていたらやってくるのでしょうか？

商売をしている人は、待っていればお客がどんどんやってくるのでしょうか？

最近、小学生の憧れの職業であるユーチューバー。動画で収入がたくさん貰えていいなと思っている人も多いでしょう。

動画で人気があり、お金をたくさん稼いでいる人は、「棚ボタ」の運なのでしょうか？

運気をお金で買ったのでしょうか？

いいえ、人気ユーチューバーのヒカキンさんは、ユーチューブを始めて16年めの2023年春に初めて1週間のお休みをとったほど長い間投稿し続けてきました。

行動を継続し続けた先につかんだ運なのです。

運がよくなると言われるものに頼らない

「頼る」には注意!

「鰯の頭も信心から」という言葉があるように「信じる」ことはいいことです。
しかし、「頼る」とおかしなことになります。

「信じる」は自分の意志で行なうことですが、「頼る」は依存するということ。

- 縁結びのパワースポットに行けば素敵な結婚相手がみつかる。
- 風水で噴水が金運を上げるというから、リビングにミニ噴水を置いた。
- 占いで今年は最高の年ですと言われたから運がくるのを待っていた。

この後、自分の望む結果にならないから、さらにお金をかけたり、違うことを試したりしたくなる。場合によっては高額品を買わされる。とにかく運がよくなるために「よくなること探しや運気を上げてくれる人にお金を払う」。さらに依存して、毎日おまじないをする、占いに頻繁に通う、休みはパワースポットに行く。そして、それらが忙しいから部屋は汚い、仕事や学業がおろそかになる……。

その実行力を違う方向に使うべきです。

そういった「運がよくなる」ためにやっていることは、「運」が天から落ちてこないかずっと上を見上げている状態です。

しかし、幸運の神様はすごいスピードで走っています。

だから、待っていてはダメなのです。自分もスピード上げて走らないと！

「待ち」の姿勢では一切運は開けません。そして、お金を使うなら、運気を上げるためにではなく、自己投資に使うべきです。

中国で私の片づけメソッドを広めてくれている日本専門家検定協会の池田恵

美理事。彼女は全くこういう類を信じていないようで、行動の人です。

片づけと行動により、日本人でありながら中国のさまざまなメディアに登場しています。

また、同じく協会の金花講師は、普通の働くママから、私のメソッドに共感し、講師となり、私と共著で書籍を出版し（中国で書籍を出版するのは大変なこと）、各都市で講座やセミナーを行なう人気講師になりました。彼女もとにかくやってみようと待つことなく次々と動く人です。

自分で「吉兆」をとりに行く

パワースポットや風水、占いを信じるのはいいのですが、他人の出した結果（予測）に頼らないこと。

自分が欲しい未来に向かって突き進む、行動あるのみ。その行動の背中を押してもらうために使ってください。

おみくじで「凶」を引いたなら「大吉」が出るまで引きまくるとか、悪いことが書かれていたとしたらそこに気をつけ、そうならないよう行動する。同じく、占いで悪いことを言われたらそこに注意はするけれど、それ以外はラッキーなのだと思うなど。

私は、仮に悪いことしか言われなかったら「当たっていないな」と思うようにしています。気にしていたらその後の行動に影響してしまいますから。

ただ、注意してほしいのが、依存して何度も何度も行ったり、自分で決められなくて通ったりすること。そんな人は要注意です。

決められない人は、基本、整理下手です。自分の基準がないから、物を手放せないのと同じように、自分の人生も自分で決められず、誰かに決めてほしいのです。

失敗した、うまくいかないと思ったら、その人のせいにすればいいのですから。他人に判断をゆだねるのはラクなのです。

行動と考え方にしか運はついてこない

待っていても気づいてもらえない

私は独立した当時、どうやって仕事を得たらいいのか、どう仕事を取ってくればいいのかわかりませんでした。もちろん会社員時代にお付き合いのあった企業さんからお仕事をいただくことはありましたが、それだけでは不安です。

とにかく「自分にできそうなことはないか」とアンテナを張っていたところ、自分が好きで読んでいた雑誌に小さく「地方ライター募集」の掲載記事を発見しました。

早速応募したところ、ちょうど北海道で取材予定があると依頼があり、何本か記事のお手伝いをさせていただき、その後も仕事をいただくことができました。「私は記事が書ける」とただ待っていても誰も気づかないし、仕事はやってきません。

今、売れている女優さんなどは、若い頃はオーディションで落ちた数は覚えていないほどあったと言います。キレイでも、演技がうまくても、自分という存在をアピールしないことには、気づいてもらえないのです。

批評家になるよりひとつでも片づける

片づけられない人は、たくさんの片づけ本を読み、あちこちでセミナーを聞いて、知識は山のようにあります。しかし、片づけという行動を継続していないため、いろいろな人のレビューや感想に「ほとんど知っていること」「それは誰でも言っている」「新しい方法がない」などと文句やダメ出しのみを書いています。これは片づけ本以外でも同様にあることです。

「同じことが書かれている」「誰でも言っている」ということは、共通する重要なポイントであるということ。捉え方です。何度も繰り返されているということは大事なことだと理解して実践するのか、実践せずに同じ内容だと文句を言うのか。

受験勉強でも先生から「繰り返すが、ここは覚えておくように」というようなセリフを聞いたことがあると思います。教える側は、絶対ここは大事な箇所だということを経験上わかっているから、言うのです。

経営の神様、松下幸之助氏は経営で成功するためには「素直」であることと言っていました。同じように片づけたい、運を呼びたいと思うのなら「素直」に実践する以外の方法はないのです（ただし、お金を払って何かを買わせられるというのはダメですよ）。

また、松下氏が面接の時に「君は運がいいと思うか？」と聞き、「運がいい」と答えた人を採用したという話は有名です。

自分は運がいいと思うことも、運がよくなる要素のひとつでもあります。

文句を言っても、不満を言っても、目の前のゴミや不要な物は勝手に自分からゴミ箱に入るわけがありません。自分で拾って、捨てに行くしかないのです。本気で片づけたい、運をよくしたいと思うのであれば、まずはやってみること。そして、何か文句や不満を言いたくなったら、「まだ実践の途中だった。来週まで文句はガマンしよう」と毎週、不平不満を口に出す&考えることを先送りしてください。

できればガマンするより不平不満が頭に浮かんだらそれをパッと打ち消して「これで運のいい人に1㎜近づいた！」と、自分を褒める考え方にしましょう。

見知らぬ誰か、または世間に文句を言うより、自分を褒めた方が絶対にいい！　なぜなら、文句や不平不満、批判などは生産性が全くないどころか、マイナスで運気を下げるだけの行動だからです。

部屋の片づけが最強の開運法

手段と目的を間違えない

前項で「運」はお金では買えない、自分の考え方と行動あるのみと書きました。運というもの自体が目にみえない。その目にみえないモノを手に入れるのなら、行動の第一歩となる片づけを行ないましょう。

片づけることで何より気持ちもスッキリするし、部屋もスッキリする。気もよくなる。物欲も減ってくるからお金が残っていきます。

ただし、目的と手段を間違えないこと。片づけ＝運と考えて、ほかのことをおろそかにして、とにかく片づけることだけに注力する、家族が汚せば怒鳴り、片づけだけを始終しているなんてことになれば、それは大きな間違いです。

ここまで片づけを勧めることを書いておきながらなんですが、片づける、キレイにすることに神経質になって周りを遠ざけてしまうより、多少散らかっていても笑顔でいた方がいいのです。

ただ、笑顔でいられる、気持ちにゆとりがあるのは時間に追われていないからできること。

物を探す、散らかってイライラするというのが片づいていない時の心理ですので、整理整頓するにこしたことはないのです。

豊かな暮らしとは？

お風呂に入ると「サッパリした」と感じます。

部屋の片づけも同じこと。何か憑き物が落ちたかのように「スッキリした」と見た目も心もそう思えます。

豊かな暮らしとは、自分の時間があって、十分な休息がとれること。

物が少なければ、物の維持管理や手間から解放され、キレイな部屋ではリラックスすることができます。

また、コレクションを多く持つ人は、ほかの物を少なくすることでコレクションを飾るスペースの確保、手入れする時間が得られるので、自分の趣味に時間を割くことが可能なのです。

「物がたくさんある＝豊か」「手放す＝もったいない」という考え方こそ手放すべきです。物を手放せないのは、自分の気持ちや考え方次第ですから、手放すことができた時には今までの自分とは違っているのです。

違う考え方ができるようになると、チャンスをつかめるようになります。

執着は停滞

物を溜め込み手放せない人は「こうあるべき」という思いが強いのです。

ある女性は、「転職はいけない。同じ会社で一生働くべき」という思い込みがあり、社内でいじめにあっていてもずっとガマンしていました。しかし、ある時限界がきて、会社に出勤できなくなりました。さらに、部屋は汚部屋状態。

私は、「辞めていいんだよ、今は転職してスキルアップが当たり前なのだから。まずは、片づけよう」と声掛けをしました。

そして、彼女は物をどんどん手放していくうちに今までとは全く違う職種を経験したいとバイトを探し始めたのです。

それからいろいろな経験を積み、起業して、結婚をし、出産。育児をしながら仕事を頑張っています。

執着というものは、「停滞」を意味します。停滞すると猛スピードで移動している運は絶対につかめません。

何かに囚われてずっと動けない状態である。でも、自分ではそれに気づかない。だからこそ、まずは、物を手放していくことが自分の執着と向き合う第1歩なのです。

さあ、まずは何を手放してみますか？

活きた物の使い方、お金の使い方

「もったいない」の誤解

多くの人が勘違いしている「もったいない」。もったいないのは、物を捨てることではなく、物を使わないでしまいこむこと。そして、ただしまいこむ物にお金を使ってしまったこと。

多くの人が、お金が欲しい、お金持ちになりたいと思う一方で、ちょこちょこと使わない物を買ってはお金を減らしています。千円くらい、3千円くらい、とつい買ってしまうのです。その積み重ねが10年、20年と経過していく上で目にみえない大きな金額となり、家に残る物（ガラクタ）となるのです。

「樽の底が抜けているより、タガが外れている方が怖い」という収支の考え方があります。

つまり、底がないくらいギャンブルや高額な浪費にお金を使う方がなぜお金が残らないのかは一目瞭然だけれど、タガが緩んで少しずつ水が漏れ、気づいた時には水が一滴も残っていないようにお金が残っていないことが怖いという意味です。

少しだけなら、安いから、今日くらいならとちょこちょこお金を使っているといつまでも貯まらないし、習慣から抜け出せないのです。

もちろん欲しい物を手に入れることは豊かな証で、人生を楽しくさせてくれます。ただ、その欲しい物が、本当に欲しい物なのか、一時の感情なのかが問題なのです。

成功には自制心がいる

お金持ちになった人、成功している人はお金を払う時に「この金額分またはそれ以上の価値」があるかどうかと対価を考えます。さらに、購入した金額の価値以上に使おうと考えます。

また、お金の使い方を含め、運のよい人は「自制心」があります。食べすぎない、飲みすぎない、使いすぎないなど「ここまで」という制限を自分に課して、守っているのです。

物で自分が変われると思わないこと

自分が買い物をする時の動機を考えてみてください。

ストレスもありますが、ほかには、例えばファッション誌やインスタで素敵なワンピースを着た女性の写真をみて、欲しくなるという場合。

その「欲しい」の奥に隠されている動機は何でしょう?

多分、「このモデルさんみたいに素敵になりたい」という心理的な期待があって購入するはずです。

しかし、届いて着てみると何だか違うと感じ、タンスの肥やしにしてしまう。

なぜなら、顔や体形が違うから。

また、これ1台でお菓子や煮込み料理が簡単に作れます！というような調理家電の広告をみて、「頑張って、美味しい手作り料理を毎日作ろう！」と思い購入する場合。

この時の動機は、「きちんとした食生活を送る未来」を想像しています。

しかし、やっぱり面倒で使うことなく、いつもの食生活になってしまう。

結局、こうやって着ない、使わないことになるけれど、「今までと違う未来」「素敵な自分」を夢見て買い物をしてしまうのです。

だけど、物が増えるだけで変わらない日々。

いや、変わらないどころか物が確実に増えているのです。

新しい道具や衣服を得ることで自分が変わると思い、物が増えても結局そのままということの繰り返し。

「道具に頼る」という他力本願はやめて、自分で意識的に行動を変えるしかないのです。

そのためには「急激な変化はありえない」と知ることです。

メジャーリーガーの大谷翔平選手は、素晴らしいバットを手に入れた途端、活躍したのでしょうか？

違いますよね。道具ではないのです。


物を買って増やすと選択肢が多くなり、迷ってしまいます。

「使っていない物」「着ていない服」「履いていない靴」「食べきれない食品」など持て余していませんか。

常に家の中にモノがたくさんあると管理できない状態になり、みるだけで疲れる。掃除するのも一苦労です。

買うよりもまずは、選ぶこと。

・何があれば暮らしていけるのか

・自分が満足する物はどれか

何か買うより、減らすことから始めるべきです。

お金を使うのであれば、必要な物だけではなく、体験や感動、誰かを喜ばせること、学びや時間を浮かすことにお金を使うべきです。単に欲しい物を得るとその瞬間は快感なのですが、すぐに冷めてしまうため繰り返し買い物をしたくなるのです。

また、同じような快感は自己承認欲求がすぐに満たされるSNSの「いいね」なども同じです。気持ちよい刺激がどんどん薄まり、さらに刺激を求めて次々と買い物や「いいね」を欲します。これが依存症の始まりです。

しかし、誰かに喜ばれる、学ぶ、自分で感動した体験などの感情は長く持続します。満足感の高いお金の使い方は、ムダにはならないでしょう。

ですから、物を買う時は、自分が「これがいい」と思える一品に出会うまで探し続ける。その物を手に入れれば、同じような物を二度と買うこともないし、いいお金の使い方をしたと心から満足できるでしょう。

何もない暮らしを目指すのではなく、暮らしに彩りを

「彩り」は心を豊かにする

お金持ちの家は、何もないわけではありません。片づいていて、生活道具は一切出ていないのですが、生花、植物、絵画、陶器、美術品、写真など、飾る物が多く出ています。

決して単にシンプルではないのですが、スッキリし洗練されています。ソファの上には、こんなに使う?というくらいクッションがたくさん置いてありますし、生花も至る所に飾ってあります。

ミニマリスト的に言うと、クッションは1人1個あれば十分ですよね?　いや、クッションは必要ですか?　花は使わないですよね?　というような感じになります。

しかし、道具として「使う」「使わない」以外に、暮らしの「彩り」に必要であるモノがあるということ。

「彩り」は心を豊かにしてくれます。

また、一流の人、成功した人は、美意識が高いことも共通しているので、皆さんも「彩り」というものを取り入れてほしいのです。

ファッションで例えるなら、「寒暖を防ぐ、人前に出られる格好である」だけの衣服でなく、そこに「ピアス」や「スカーフ」といった装飾品を加えることが彩りになります。

このファッションでいう装飾品にあたるのが、住まいでいえば生花や絵画、クッション、テーブルランナーなどのインテリアです。

例えば、キレイに片づけて花を飾ると、花が好きな人には心地よい暮らしになり、家が好きになります（ただし、同じく花を飾ってもゴミ屋敷では花の可憐さがわかりませんので、花の存在が目立つように片づけてから飾るのがポイントです）。

住まいを整え、好きな装飾品を飾る。
自分が好きなキャラクターのものを飾る。
その方が楽しいですよね。何もないとキレイすぎて落ち着かないという心理もなきにしもあらずです。

さらに素敵な部屋をみて、こんなインテリアにしたいな、こんな家具を置きたいなという欲も運気アップには大事なこと。

ある程度の欲がないと人は上へいきません。もちろん、現状が幸せであるという考え方も大事ですが、運が欲しいのなら、やはり欲を持って上を望むべきです。望まないと運に気づくことはできないのですから。

心を豊かにする
「彩り」を取り入れる

●暮らしに「彩り」を取り入れて「美意識」を高めよう

片づけで、最高に幸せな人生を

自分の人生がみえていますか？

人生は決断の連続です。決断の積み重ねが今の人生であるとも言えます。

そして、物の整理も決断です。

自分の人生がみえている（こうありたいと思っている）人は、物の要、不要もはっきりしています。

しかし、まわりや時代に振り回されていると、生き方も物の整理もあやふやになります。

高度経済成長期に生まれ、バブル景気を経験した私は、世の中は「景気がいい」が当たり前という前提で育ちました。

そして、子どもの数が多かった時代なので進学、就職は流されるまま。特に何をしたいというものはなく、終身雇用で定年まで働くか、専業主婦になるか。老後は年金暮らしで上がりという昭和時代の人生すごろくしか選択肢にありませんでした。

また、時代もよかったため、お小遣いは人並みでしたが、親戚や祖父母に会うたびに万札が入ったお小遣い袋をもらうのは当たり前。昔は、親戚や会社の人の出入りが多かったからお正月はお年玉もたくさん。

近隣には、大型スーパーやレジャー施設、おもちゃ屋、雑貨屋、書店などがどんどんできた時代です。

物を買うためにお小遣いをもらっていると言ってもいいほどの世の中。

だから、クラスメイトが持っている物はとりあえず欲しいし、新しい物は早く手に入れたい。今思えば本当に「消費」することが当たり前だったのです。

どうでもいい物を買うお金こそがもったいない

しかし、お小遣いをくれていた祖父母や叔父、叔母たちは、そんな消費はしていませんでした。

物を大事に使い、住まいをキレイに整え、修繕する。今で言うところのSDGsは日常でした。

祖父母の育った時代は、本当に物がない。地域や家庭によっては、3食どころか1日1回食べる物もないこともあったそうです。

戦後はお煎餅1枚も大切だったそう。そんな背景もあって不便を経験してから、やっと買うことを決めるというほどお金をムダにしなかったのです。

そうやって貯めたお金と大事な年金を孫にお小遣いでくれる。

それをムダ遣いする孫(=私)。今になって、自分は「なんて愚かだったんだろう」と思います。

たいして使わないもの、ちょっと欲しいと思っただけのもの、皆が持っているから自分も持ちたいと思ったもの。そういうモノを買うために使うお金は「もったいない」どころかムダそのものです。

この項の冒頭に書いたように当時の人生すごろくは平成、令和に移り変わり、大きく変化しています。

当たり前ですが、時代は変化しているので祖父母の人生すごろくや両親の人生すごろくとは違うため、自分達のこの先の見本はありません（祖父母の両親やその祖父母は、江戸時代ですから。祖父母だって初めての世界大戦であり、初めての昭和時代ですものね）。

また、寿命も長くなった分、お金がないと大変なことになりそうです。

自分の「人生」を操縦する

物が多いということは、お金をそれまでに使ってきているし、これからも処分費用含めお金がかかります。たくさんの物は、老後の暮らしの邪魔になることはあっても助けにはなりません。お金はたくさんあっても邪魔にならないし、自分の助けになり、誰かを助けられるものでもあります。
これからの人生を考えると、物を吟味して本当に必要な物だけを残すべきです。物に目がいかない、心を奪われない分、形のないモノをみつめ直すきっかけになります。

「幸せ」って、物がたくさんあることでしょうか。
「幸せ」って、人に自慢できる何かがあることでしょうか。
「幸せ」って、地位を手に入れたり有名になることでしょうか。

これらは全て、一時の満足を得る手段でしかありません。

物を整理し、片づけると強くなれます。

失うことが怖いと思っている人は動き出すことができませんが、今まで必要だと信じて手放せなかった物を手放すことで、「無くても大丈夫」と思えるようになります。

これは、特に物が多すぎる人の方がより実感できます。

一番強い人は「失うものが何もない」人だから、手放せば手放すほどメンタルが強固になります。

手放したことによる「開き直り力」は、何でもやってみるという行動力に変わります。すごい力です。

だから、私の片づけメソッドで行動し、変わった生徒がたくさんいるのです。深圳の男性、陸講師もとにかくメソッドを落とし込み、多くの人に気づきを与え、中国のビジネス番組にゲストで呼ばれるほどになりました。

時代の変化で先を一切予測できない人生すごろくを楽しむためには、時代がどうなろうと「波に乗ってやる！」という怖いモノなしのメンタルが必要です。

人生の主役は自分なのに、自分じゃない人が多すぎる現代。

自分で、人生を操縦する！切り開く！という考えになれば、他人に何を言われても気にしない、よい意味での我が道をいく人生すごろくの完成です。


人生は「あっ！という間」です。

気づけば私も生まれて半世紀以上が過ぎました。1日、1か月、1年が本当に早いです。

物にわずらわされている時間は、天寿をまっとうする時に必ず後悔します。

多くの方々が「やっておけばよかった」と、やりたかったこと、できなかったことを後悔しています。亡くなる間際に「あの時あれを捨てなきゃよかった」なんて誰も思わないはずです。


物にも自分の狭い考え方にも固執しない。

自分の世界が広がると人生は何倍にも楽しくなります。

1年後は、スッキリした住まいと自分の執着を手放すことを目指して、今から始めてください。

おわりに

未来への夢や目標に向かって努力し、成功したという話をよく聞きます。

夢や目標を持っていないといけないような風潮があり、自分探しというものをし続ける人もいます。

でも、ほとんどの人は大きな夢や目標を持っていません。

実は、成功している人の多くが、「思いもしなかった人生」になったと言っています。

その「思いもしなかった人生」を手に入れたのは、何かを買ったり、何かに祈ったりするだけということではなく、行動し続けた人のみです。

成功は、「運」をつかんだ後にまた次の「運」がやってきて、それをつかむことの繰り返し。繰り返しが多いほど成功は、大きくなります。

私もずっと「こうなりたい」という夢や「こんな人になりたい」といった目

標を持つこともなく生きてきました。

未来は知っている世界しか思い描けなかったという想像力不足でもあります。

しかし、今振り返ると確実に現在までの道がつながっていたようです。スティーブ・ジョブズ言うところの点と点がつながるということ。

編集職につくまで私は、新卒で就職した公務員を2年で辞め、その後短期間で職を転々としていました。その間、ちょっとうつになり汚部屋経験も。

このままじゃダメだとうつの要因であった仕事を辞め、さらに保護猫を引き取ったので、ペット可の部屋に引越しをして心機一転。部屋をキレイに、インテリアの本を読んで住まいを心地よくさせました。

人生初の猫を飼ってから、最大5匹も同時に飼うことになるとは思いもよらず、後には猫のために「家」も買いました。

その間、編集職のアルバイトに応募し、10年後くらいに編集長となり、新雑誌を創刊。その雑誌が今の職とつながっていくわけです。

独立して働く、猫を多頭飼いする、家を買う、書籍を出す、海外で仕事をする。若い頃の、それもうつ状態で心が消極的な時の自分からみると、全て想定外の未来です。

今こうして書きながら昔を思い出していましたが、当時はあんなに辛いと思ったことも忘れていたのです。だから、例え今が辛くてもいつかは、忘れるくらいの日々になります。

夢や目標がなくても、また、夢や目標に大きいも小さいもなく、未来は、とにかく「今の積み重ね」なのです。

人生の転機には、必ずと言っていいほど「手放し」がセットでした。

住まい(物)の整理の時もあれば、人間関係やこうしなければという執着といったみえないモノの整理もありました。

そして、片づけは、ダイエットや英会話と似ています。

少しずつの継続であり、長い間サボるとサボった分追いつくのが大変です。

しかし、コツコツ続けていく先には必ず結果が現れるのです。

ダイエットなら体型が確実に変わるし、英会話なら聞き取れるようになる、少しなら言葉を返せるようになるなど。


片づけはもちろん、結果として住まいがキレイになります。

使わない物は、もったいない物ではなくあなたにとってはただの「ゴミ」でしかありません。


どうでもいい物に囲まれていると、どうでもいい人生になるのです。


片づけも物の整理もダイエットや英会話同様で一生続きますが、ある程度できてしまえば、あとは少しだけ継続すればいいのでラクです。

さらに何かを継続してできていることは、自分に自信をもたらします。

一度うまくいった経験ができると、何かがあっても「大丈夫。きちんとすればまたうまくいくから」といった呪文ができます。

そのうまくいった経験、自信というモノを持つために、片づけを行ない、「できない」「ムリ」という呪文を手放しましょう。

大丈夫。あなたならきっとうまくいく。

まずは、手放すことが開運行動と思って、始めてください。

今回、私の書籍を読み、惚れこんで（？）オファーをくださった清流出版の秋篠さん。オンライン会議のおかげで東京と北海道という距離でも打ち合わせが十分にできました。コロナ禍前であれば、オンライン会議というのも一般に浸透しておらず、今度東京へ行った時にということで、いつお会いできたかわからなかったと思います。

人は出会うべき時に、出会う人と出会うというようなタイミングでのご縁です。これも「運」のひとつです。

私をみつけてくださり本当にありがとうございます。


最後に、2022年晩秋に虹の橋を渡った愛猫のチョコ。それまで、ペットを自宅で看取ることができなかった経験から、後悔しない看護をと思っていたところ、コロナ禍で出張もなく、仕事も忙しくなく、側で看取ることができました。

願いをきいてくださった神様と5匹の猫のハブになってくれていたチョコに感謝を。

2023年冬

広沢かつみ

広沢かつみ（ひろさわ・かつみ）

コレモッタ株式会社代表取締役。一般社団法人日本専門家検定協会代表理事。

リフォーム雑誌の編集長を経て、2010年に独立。2000件以上の片づけ、収納相談を受けるほか、講演会やセミナーなどでも活躍。中国・台湾・香港にも受講者がいる。「これからをもっとたのしく」する整理収納テクニックを提案しており、わかりやすく実践しやすい片づけ法で人気を集める。著書に『玄関から始める片づいた暮らし』『服が片づくだけで暮らしは変わる』『ずっとキレイが続く7分の夜かたづけ』『「お金持ち」が知っているいつも片づく部屋づくり』（以上、青春出版社）。

ブログ「モノと心を片づける」 https://ameblo.jp/koremotta/

イラスト　永峰祐子
ブックデザイン　西垂水敦・市川さつき（krran）

運とお金を引き寄せる片づけ

2024年1月28日　初版第1刷発行

著者　広沢かつみ

発行者　松原淑子
発行所　清流出版株式会社
〒101-0051
東京都千代田区神田神保町3-7-1
電話　03-3288-5405
ホームページ　https://www.seiryupub.co.jp

編集担当　秋篠貴子
印刷・製本　シナノパブリッシングプレス

乱丁・落丁本はお取替えいたします。

ISBN978-4-86029-556-1

本書をお読みになった感想を、
QRコード、URLからお寄せください。
https://pro.form-mailer.jp/fms/91270fd3254235